陕西师范大学优秀著作出版基金资助出版

Stigma Effects in Schools

Influences of the Label of “Learning Difficulties” on Adolescent Students

校园中的污名效应

“学习不良”对青少年的影响

张宝山　著

科 学 出 版 社
北　京

内 容 简 介

污名是社会对某些个体或群体的贬低性、侮辱性的标签，与群体相关的污名对被污名者有着深刻的影响。在当前中小学校园中，由于学习成绩仍然是评价学生的一个关键指标，学习成绩不好的学生或多或少都会被“差别性”对待，“学习不良”在某种程度上仍然被污名化。

本书以初中学生为研究对象，以污名对学习不良少年的效应为主题，检验了青少年对学习不良学生的态度和学习不良少年污名化知觉的特点，系统地探讨了“学习不良”相关污名的特征和对青少年产生影响的作用机制，揭示了学习不良青少年通过隐匿学习成绩应对污名的心理过程，对提升青少年学习能力和心理健康水平教育实践具有一定的参考价值。

本书对心理学、教育学方面的科研工作者，中小学教师，中小学生家长有重要参考价值。

图书在版编目（CIP）数据

校园中的污名效应：“学习不良”对青少年的影响 / 张宝山著.
—北京：科学出版社，2015.12
ISBN 978-7-03-046672-3

Ⅰ. ①校…　Ⅱ. ①张…　Ⅲ. ①青少年教育-研究　Ⅳ. ①G775

中国版本图书馆 CIP 数据核字（2015）第 306558 号

责任编辑：朱丽娜　高丽丽 / 责任校对：刘亚琦
责任印制：张　倩 / 封面设计：楠竹文化

科学出版社 出版
北京东黄城根北街 16 号
邮政编码：100717
http://www.sciencep.com
三河市骏杰印刷有限公司 印刷
科学出版社发行　各地新华书店经销
*
2015 年 12 月第　一　版　开本：720 × 1000　1/16
2015 年 12 月第一次印刷　印张：12 1/4
字数：210 000
定价：59.00元
（如有印装质量问题，我社负责调换）

目　录

图 目 录

表目录

第一章

污名和学习不良的既有研究

第一节　污名概念的溯源

“污名”（stigma）一词最早来源于古希腊，是刻在或烙在身体上的表示某人不受欢迎、道德败坏或行为缺陷的标记（如奴隶、叛徒等）。随后，该词汇的内涵逐渐得到了丰富，包含了所有知觉到或推断出的偏离社会正常情况的特征或符号。20世纪60年代，学者Goffman正式将污名的概念引入到心理学研究领域。以此为起点，在近50年的研究中，很多研究者都从不同的视角对污名的概念进行了修订、完善或者重新定义。更新后的污名概念已经可以应用于许多不同场合的研究，包括精神病、艾滋病、同性恋、肥胖、贫穷、吸毒、种族、宗教、智力低下（迟缓）、癫痫病、麻风病、银屑病等多种群体污名。以下将对这些概念进行简要的回顾。

一、早期概念

1963年，Goffman最早提出了污名的概念，他认为由于个体或群体具有某种社会不期望或不欢迎的特征，降低了其在社会中的地位，污名就是社会对这些个体或群体贬低性、侮辱性的标签。污名使被污名者在他人眼中由“完美、有用的人"变为"有污点的、没有价值的个体"，使其无法充分获得社会接纳（Goffman，1963）。虽然Goffman对污名概念的界定对于当前的多数研究已经没有什么启发意义和借鉴价值，但是几乎所有的污名研究者在回顾相关文献时，都不会忽略Goffman及他提出的污名概念。也许Goffman的污名概念价值不在于概念本身，而是在于它的纪元意义，因为以此为起点，它开创了一个非常重要但并未受到关注的研究领域。

在Goffman之后，又出现了很多具有代表性的污名定义，如Jones等（1984）认为污名是代表所有被知觉为或推断为偏离社会正常情形的标记或特征，它可以将个体与不受欢迎的消极特征（刻板印象）联系在一起；Stafford和Scott（1986）将污名理解成个体所具有的与社会群体规范（个体在适当的时候表现出适当的行为）相抵制的属性特征，等等。

二、污名概念的发展和完善

随着污名研究的深入，学者们对污名的界定也逐渐变得更加科学和完善。Crocker，Major和Steele（1998）强调被污名的个体所具有的（或者相信拥有）某种消极品质或者不受欢迎的性格特征，能够在特定的社会情境中标示出个体丧失了部分价值的社会身份。污名化的特征是与外表（如身体上的缺陷）、行为（如虐待儿童）或者群体身份（如非裔美国人）联系在一起。并且，他进一步提出污名是特定关系和特定情境的产物，并不存在于个人，而是存在于社会情境中。Corrigan将污名的概念进一步深化，提出了公众污名和自我污名的概念。公众污名是指社会公众对某些特定群体的消极刻板印象；自我污名是认同公众污名产生之后被污名者出现的自我评价降低和自我效能减弱的现象（后面还要详细讨论）（Corrigan，et al.，2005；Corrigan & Watson，2002）。

与这些学者的视角不同，Kurzban等从进化论的角度提出了另一个污名的定义。他们认为，为了避免潜在的缺陷伴随群体生存，人们已经进化了认知适应能力，允许他们将具有（或者相信具有）某些特定特征的人排斥在他们的群体之外，即污名化。这些认知能力为人们避免结交卑劣的社会伙伴、加入合作性的团体（目的是为了群体间的竞争和剥夺）、回避与带有群体寄生特征的个体接触提供了可能。所以，污名化是人们为了种族生存长期进化的必然结果（Kurzban & Leary，2001）。

尽管后来的污名定义已经比较深入，但是也有着很多的不足，如过于强调污名发生的情境性和理解视角的独特性（如分别从心理学、社会学、人类学的角度理解污名），造成污名的定义缺乏普适性；另外，最重要的一点不足是不够科学和严谨，忽视了影响个体的社会文化背景和过程。

鉴于这些局限，Link 等人从存在要素的角度提出了一个全新的污名化概念。他们认为，当下面 5 个相关的成分同时出现时，污名就存在了：第一，人们区分并标签人类的差异；第二，主流文化的观念将被标签人与不受欢迎的特征（即消极的刻板印象）相联系；第三，主流群体为了在一定程度上把“我们”从“他们”中分离出来，将被标签的人置于独特的类别中；第四，被标签的人经历着不公平的处境，丧失了地位并遭到了歧视；第五，被污名的程度完全视社会、经济和政治权力的可得性而定，只有一个群体有足够的影响力来左右公众对另一个群体态度的时候，污名才会存在。因此，“污名是指在一个允许污名各种成分显露的社会情景中，贴标签，刻板印象，地位丧失和歧视同时发生的情况”（Link & Phelan，2001）。这一定义克服了以往关于污名定义的种种不足，清晰地指出了污名现象中包括的各种群体以及他们的地位和关系，并考虑到了社会文化在污名发生中的作用，使人们对污名的理解向前迈进了一大步。

结合以往学者提出的污名和污名化的概念，我们认为污名化是指由于拥有的不受社会欢迎的身份特征，个体在其他人眼中逐渐丧失其社会声誉（或地位）和社会价值，并因此被贴上消极标签、消极刻板化、地位丧失、遭到歧视和排斥的过程。在本书中，污名化则是指由于学习成绩低下，在社交情境中学习不良学生被贴上消极标签（如差学生、落后生、差等生等）、消极刻板化（如马虎、反应慢、懒惰等）、在班级中没有地位（如讨论问题时没有发言权）、遭到歧视（被人瞧不起）和排斥（其他同学不愿意和学习不良学生在一起）的程度。

第二节　污名形成的原因

一、功能主义视角的解释

功能主义视角的观点认为污名对污名施予者具有重要的心理功能，可以提升他们的自尊，增强群体认同，合理化其所具有的社会资源（社会地位），缓解焦虑和增加控制感等（Crocker et al.，1998）。Turner（1982）认为污名化是一个为了突出自己心理上的优势地位而对他人进行毁誉的过程。从这个角度看，污名化是为维持高自尊或者积极社会认同的需要而诋毁他人的特殊形式的社会比较；与此相类似，Major 等（2005）认为人们可通过污名化或贬低他人来提升个人自尊。通过与不如自己的人相比，可以增加人们的主观幸福感，进而提升自尊。因此，社会文化主流群体成员的存在会因被污名者的存在而在心理上获益。Crocker 和 Major（1989）对污名功能进行了总结，认为污名他人具有以下几种功能：①提升自尊心，获得个人的优越感；②增强对自己群体的认同感；③增强对特定的社会、政治、经济地位的合理化认识。

二、制度合理化

制度合理化的视角则强调要在特定的历史、政治、经济和社会背景中理解污名形成的原因。Sidanius 和 Pratto（1999）主张，为了减少群体间的冲突，建立在群体基础上的不平等地位必须被合理化。基于此，制度合理化理论认为污名可以合理化社会中处于不同水平群体之间不平等的地位。地位高的人通过污名化地位低的人来证明他们所具有优势的合理性，使外界相信他们所拥有的（丰富资源）是理所应当的，进一步表明能够使部分人获益的社会体系也是公正的。也就是说，该理论视角强调污名化是由社会背景创造的，且社会背景允许并维持了污名化的态度和行为，对于社会文化主流群体成员而言，他们只是按照社会规范去行为和做出反应而已。

三、生物文化视角

生物文化视角相信污名化是生存和繁衍的必要策略和手段。Neuberg 等认为人类所具有的某些被污名化的属性存在跨文化的共性。人们对其他群体成员施加污名是为了满足基本的生物文化需要——在有效的群体中生活。根据进化论的观点，为了使群体生活环境适应生存和基因遗传，人类必须努力减少群体内部的威胁。于是，人们需要一种能鉴别出那些危害群体或妨碍群体功能发挥的个体的有效机制，给这些人贴上适当的标签，提示其他群体成员防备这些人从群体中获益，必要时将这些人从群体中分离出去。污名就是符合这一条件的一种机制。因此，污名化是一种生存和繁衍的策略，是主流群体为给基因传递创造更好条件而导致的“歧视”倾向（Neuberg et al.，2000）。

这些理论在解释污名发生的原因时各有各的优势和局限，如功能主义视角的理论在大多数情境中都能有效解释污名发生的原因，但是它不能预测人们依据哪些特性来对他人实施污名，不能解释污名内容的跨文化、历史甚至物种的相似性，也不能说明人们对待受污名个体的方式的差异等（李强等，2008）。生物文化观点可以很好地解释人们为什么对他人施加污名，但是却缺乏有力的资料支持，有待继续研究（李强等，2008）。

第三节　污名对个体的心理行为效应

一、污名效应的机制

（一）Major 等的身份威胁模型

Major 等在回顾以往研究的基础上提出的污名身份威胁模型（identity-threat model of stigma），对于理解污名效应的机制具有一定的启发意义（图 1-1）。该模型假定拥有被社会污名化的身份会使个体经常面对可能产生压力的情境（身份威胁）。人们对身份威胁情境影响自我幸福感能力的评价受到集体表征、情境线索及个人特征的调节。首先，被污名群体成员对自己在社会中被污名的社会地位形成共同的理解，这些集体表征影响被污名者对污名相关情境的知觉和评价。其次，不同情境引发身份威胁的水平不同，越是让个体感觉将会被贬低、被消极刻板化或被歧视的情境，越能引发个体的身份威胁。最后，个体特征也会影响对威胁情境的知觉和评价，如对污名的敏感性、群体认同感、刻板领域认同度、目标和动机等（Major & O'Brien，2005）。

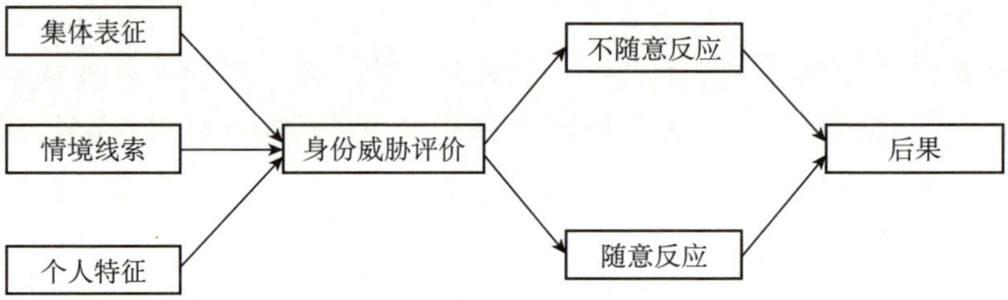

图 1-1 污名身份威胁模型

该模型还指出，人们会根据事件对自身幸福的重要性而对其进行初级评价和次级评价。初级评价为评价压力源的特征，如其与自我相关的程度、危险性、需要作出的努力、造成不确定性的程度等；次级评价则为自身所具备的资源。当个体把污名相关压力源提出的要求评价为对其社会身份有害，但并未超出他的应对资源时，污名便会引发身份挑战；相反，当被污名者把污名评价为威胁了其社会身份，并且这种威胁超过了其所具有的应对资源时，身份威胁就产生了。对身份威胁的反应可以是不随意的，例如，焦虑、渐增的警觉和工作记忆的负担等；也可以是随意的，例如，应对的努力等。两种反应都会对自尊、学业和健康等产生影响（Major & O'Brien，2005）。综上所述，Major 等的身份威胁模型不但完整地阐释了污名心理效应的机制，也为解释不同人、群体和情境对污名反应的差异提供了理论依据。

（二）污名反应的情境模型

Corrigan 等通过研究精神病患者应对污名的方式，提出了个人污名反应的情境模型（situational model of the personal response to stigma，图 1-2）（Corrigan & Watson，2002；Watson & River，2005）。这个模型强调情境因素在个人的污名反应中所起的作用。

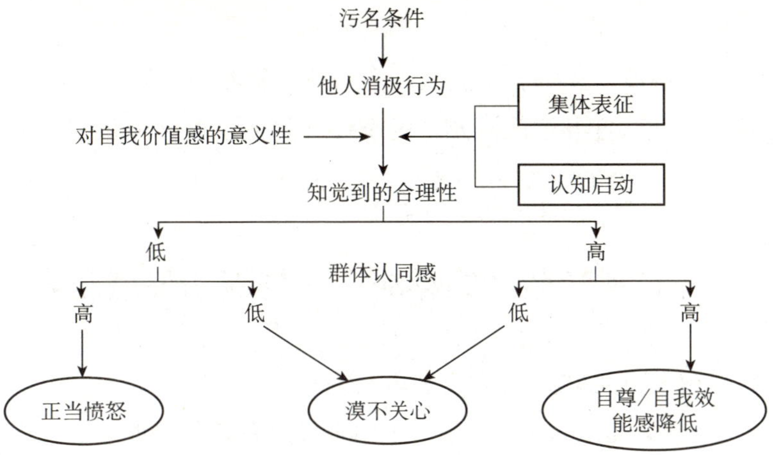

图 1-2 个人污名反应的情境模型

资料来源：Watson 和 River（2005）；杨柳和刘力（2008）

该模型认为，在集体表征和认知启动的作用下，具有明显污名条件的个体（如严重的精神疾病患者）会意识到自己的污名条件以及他人在特定情境中的消极行为（如雇主拒绝向其提供工作机会）。在这里，集体表征包括 3 个成分：文化刻板印象、对所在群体社会层级地位的理解、社会意识观念。认知启动是指个人所处的情境信息可以激活相应的集体表征。

污名条件和他人消极行为等事件对被污名者的影响，还取决于情境事件所包含的特定意义对个体自我价值感的影响程度。当负面事件同被污名者的自我价值感相关时，污名会影响他们的应对方式和心理健康。

在集体表征、认知启动以及情境事件对自我价值感是否有意义等因素的影响下，被污名者将会明显地感知到污名源的存在，并对污名的合理性作出一个基本判断：合理性高（所遭受的污名正当合理）或合理性低（所遭受的污名不合理）。

群体认同感在影响被污名群体成员如何解释和应对污名过程中起着非常复杂并且重要的作用：它既可能是感知到的歧视的前因变量，也可能是感知到的歧视的结果变量，它还会调节感知到的歧视和自尊之间的关系，甚至可以直接影响自尊。

由于受到以上因素的综合作用，被污名者可能会有 3 种反应：①强烈认同被污名群体但认为污名不合理（“我有精神病但是我并不感到可耻”）的个体将会出现正当的愤怒（"我不愿意别人不公正地对待我"）；②不论认为污名合理与否，群体认同感低的个体都将对自我污名表现出漠视；③认为消极的刻板印象和歧视都是合理的，且群体认同感低的个体会降低自尊，内化污名的消极影响（Corrigan & Watson，2002；Watson & River，2005；杨柳和刘力，2008）。

二、环境对被污名者的影响——刻板印象威胁效应

社交环境中的情境线索对被污名者有着重要影响。Inzlicht 和 Good 用威胁性情境（threatening environment）这一术语来描述存在某些线索的社交情境对被污名者的影响。他们认为，由于特殊的社会身份特征，在威胁性情境中被污名者会怀疑自己是否遭遇到了被污名化，是否遭遇了歧视和身份贬损（Inzlicht，et al.，2006）。在这样的情境中，个体被迫思考他们特殊的社会身份特征及与这些特征相联系的不被社会认可或被边缘化的消极刻板印象（Good et al.，2003；Inzlicht & Ben-Zeev，2003）。对于被污名者而言，暗示存在这些刻板印象的任何情境线索都将会强化社会身份的显著性，启动消极刻板印象，进而增加区别感、自我意识、对偏见的警觉性以及对他人的不信任感（Steele et al.，2002）。一旦被污名者在威胁性的情境中思考他们的社会身份，往往能够导致一系列的低成就事件，引发遭遇拒绝的感觉以及对取得消极结果时产生的特定情感等。

Aronson（2002）和 Spencer 等（1999）认为，威胁性的情境可能是通过刻板印象威胁的动机现象影响到被污名个体的各种行为表现的。他们认为刻板印象威胁是指处于可能存在消极刻板印象的情境中时，被污名个体知觉到的不舒服的感觉。在知觉到刻板印象威胁时，由于相信其他人对自己持有消极刻板印象（Inzlicht & Ben-Zeev，2003），被污名者的心理唤醒增强，焦虑水平提高（Ben-Zeev et al.，2005；Blascovich et al.，2001；O'Brien & Crandall，2003）。特定社会情境通过刻板印象威胁对被污名者的行为表现产生了广泛影响。

（一）对成就动机和成就水平的影响

当高度认同消极刻板领域时，被污名个体往往不能取得理想的成绩（Aronson et al.，1999）。例如，当面对自己群体不擅长学业测验的消极刻板印象

时，认同这一刻板印象的非裔美国人可能会感到很焦虑，虽然他们最初都是想以抗争这一刻板印象的方式表现自己，但是由于过于关注自己的行为表现，最终都以验证这一刻板印象的方式完成了测验，取得了不理想的测验成绩；女性也经常被暴露于针对他们群体的刻板印象中，受到这些刻板印象的威胁，如在数学领域，他们必须与强调他们不如男性的刻板印象相抗争（Davies et al.，2002；Quinn & Spencer，2001；Schmader，2002）。Davies 等的研究表明，表现出性别消极刻板印象的女性被试会在一个较难的测验中放弃数学题目，而刻意选择与词汇相关的题目（Davies et al.，2002）。在与其他群体的交往情境中，一些研究也表明情境线索影响了被污名者的成就动机和成绩水平。在 Sekaquaptewa 和 Thompson 的研究中，男性和女性被试分别在相同性别和不同性别的虚拟环境中进行数学测验。在测验进行之前，要求被试估计自己在测验中将会取得的成绩。结果表明，由于情境中消极刻板线索的出现（男性被试存在于测验环境中，提示女性被试的性别特征，进而激活相应的消极刻板印象），在混合性别测验情境中的女性，比相同性别测验情境中女性有着更低的测验期望值；而男性在两种测验情境中没有表现出明显的区别（Sekaquaptewa & Thompson，2003）。

在社交情境中，外群体成员（优势群体）的数目越多，被污名者的社会身份及其相联系的刻板印象就越明显（McGuire et al.，1979），被污名者受到消极刻板印象的威胁就越厉害。研究者通过操纵实验情境中男性的数目来考察刻板印象威胁情境对女性被试测验成绩的影响。如 Inzlicht 和 Ben-Zeev（2000）的研究表明，情境中存在两个男性时足以产生刻板印象威胁，并导致女性产生不理想的测验结果；甚至只有一个男性存在的时候，女性在测验中的表现也会差一些。女性在混合性别的优势性别情境中（同时包括几个女性与一个男性）得到的成绩，比在相同性别的情境中的成绩更差，但是比情境中只有一个女性时取得的成绩好。这些结果表明，表面上无害的情境线索——房间中男性的数目——能够产生威胁智力行为的环境，影响女性的数学测验成绩。在对其他污名群体的研究中也得到了类似的结果（Sekaquaptewa & Thompson，2002）。

（二）影响被污名者的归因方式和自尊水平

刻板印象威胁的情境能够增加被污名者对偏见的担忧，即被污名者对拒绝的焦虑期待、进行快速知觉和快速反应的程度（Mendoza-Denton et al.，2002）。在存在其他群体的社交情境中，外群体人数越多，被污名者越容易期待着遭到歧视。例如，在黑人和白人共同参与的"友谊发展"游戏情境中，黑人被试更倾向于将消极的反馈归因于遭到了歧视（Crocker et al.，1991）。因此，其他群体的出现为被污名群体怀疑遭到偏见和歧视提供了前提，并且使被污名者对于是否遭到了贬低、边缘化或歧视变得不确信。当得到消极反馈时，被污名者既可以将其归因于遭遇到了歧视，也可以将其归因于自身能力不足。Crocker 等将这一状态称为归因模糊（attributional ambiguity）（Crocker & Major，1989）。归因模糊尽管可以使被污名者感到不安，但它也给被污名者提供了保护自我的机会：将不理想的行为表现归因于遭到了歧视或偏见（而不是自己缺点或不足），能够缓解人们的消极情感，保护个体的自尊。例如，在文章得到消极反馈时，黑人学生可能会认为所得的分数反映了自己的真实水平，也可能认为有种族主义偏向的教授故意压低了黑人的成绩。由于存在多种原因来解释为什么获得的分数不理想，黑人学生可以通过避免内部归因倾向来减少自我责备（Major et al.，2002）。Ruggiero 的研究更加肯定了这一结论，当被污名者明确地知觉到自己受到歧视时，个体会果断地将消极反馈归因于歧视，同时也保护了自尊（Ruggiero & Taylor，1997）。

（三）调节反馈对个体的影响

在某种情境中，当消极刻板印象被激活时，被污名者会像局外人一样，自尊水平和情绪不再受到表现反馈（积极或消极）的影响（Major et al.，1998）。Steele（1997）认为当个体在特定情境中容易受到自尊贬损和消极刻板印象的影响时，他们会以这些领域不是自我评价基础的方式界定或者重新界定自我概念。与此相类似，Crocker 和 Major（1989）认为，当人们面对社会贬损时，被污名个体很可能会通过否认相关领域对自我概念重要性的方式来保护自尊。这些理论视角共同假定了一个领域重要性或心理核心性调节着该领域中表现的反馈或结果对自尊的影响（Harter，1986）。在上面提到的"友谊发展"游戏中，由于实验情境激活了关于黑人的消极刻板印象（情境中存在着白人），当获得消极反馈时，相信同伴能看到自己（被假定成知道他们的种族）黑人被试仍然感觉很好——自尊水平没有显著的变化；因此，某些线索暗示情境可能会依据某人的种族身份评价个体时——威胁性的情境——能够增加被污名者对偏见的期待，减少反馈形式的影响力，被污名者也很容易不再受到反馈的影响（Crocker et al.，1991）。Major 等的研究表明，在参与一个被描述成带有种族偏见的智力测验中，得到消极反馈的黑人被试的自尊水平没有显著下降，而白人被试的自尊水平则显著地受到不同反馈的影响（Major et al.，1998）。基于以上分析，如果某种情境被知觉成是有偏见的、偏差的，或者所从事的任务不是个人的优势方面时，任务反馈对个体的自我评价就不具备重要的参考价值了，也就不具有对自尊和情绪产生明显影响的能力。

（四）刻板印象威胁效应的干预研究

尽管刻板印象威胁源于消极的刻板印象，但是大量研究发现消极刻板印象并“不必然”引发刻板印象威胁效应。虽然同一群体中的任何成员都有可能受到刻板印象所蕴含的消极预期的负面影响，然而越来越多的研究显示，同一群体中的一些成员比其他人更易受到消极刻板印象的影响，同时也有一些成员可能会产生对刻板印象威胁的阻抗反应。此外，刻板印象威胁被认为是具有情境性的，一般而言，这个情境蕴含于与个体相关的社会范畴之中（Marx et al.，2005）。这些研究发现为使用外部手段有效减少或消除刻板印象威胁效应提供了可能性。

Major 和 O'Brien（2005）提出的认同威胁模型，对于我们理解和干预刻板印象威胁效应具有重要的理论意义。该模型认为，个体会依据所能得到的信息对自身在当前情境下的处境作出评估：当经历消极刻板印象威胁时，个体在相关情境中的消极感受会增加。对情境的消极评估既会使个体经历潜在的认同威胁，也会通过意识和无意识两种途径影响个人的心理活动和行为表现。Major 和 O'Brien 特别强调，有两种情况会引发认同威胁：一是个体将刻板印象评估为对其社会身份认同有潜在威胁时；二是个体通过评估认为自身的应对资源不足以应付所知觉到的刻板印象威胁时。而情境线索、个体对所在群体的集体表征及认同、动机和目标等个人特质会影响到个体对威胁状态下自我表现的评估。

在 Steele 等人看来，刻板印象威胁实际上就是一种认同威胁（Steele et al.，

2002)。这一观点为使用认同威胁模型理解刻板印象威胁效应的发生及其干预提供了有力的依据。根据认同威胁模型的假设，个体对信息的评估是刻板印象威胁效应产生的中心环节，而个体作出评估时所依赖的绝大部分信息都来自于集体表征、个人特质和情境线索。所以，从集体表征、个人特质和情境线索这三个方面着手消除刻板印象威胁的消极效应，一定可以取得理想的效果。事实上，很多研究者也正是基于这三个方面开展了对刻板印象威胁效应干预的研究。在以往的研究中，基于集体表征的干预主要涉及如何改变对群体的认知图式，基于个人特质的干预主要讨论内隐态度和动机的训练与培养，而基于情境线索的干预则从任务和环境改善方面来尝试减少（或消除）刻板印象威胁效应。

受刻板印象威胁"不必然"发生的启示，同时根据认同威胁模型所提供的理论框架，本书将从社会认知图式、个体特征及情境这三个方面展开对刻板印象威胁干预策略的探讨，以期将以往文献中出现的零散的干预策略进行系统梳理，为相关领域的研究者快速掌握和理解主要的干预方法及其作用机制提供借鉴。

1. 刻板印象威胁的干预策略

（1）基于图式的刻板印象威胁干预策略

图式是人脑中的知识单位或进行认知活动时的认知结构，它以一个特定的事物或主题为中心，帮助个体组织社会信息的心理框架。图式一旦形成，就会对社会认知产生强烈而持久的影响，它是组织信息的方式，用来认识世界、解释世界，并进一步影响个体的社会行为（乐国安，2004）。

社会心理学家采用"群体图式"来解释刻板印象，它是人们对某个社会群体形成的一种概括而固定的看法，包含对这一群体或群体成员某些特征或行为表现的期望。人们在认知过程中，过度地接受那些与图式一致的信息，用与他们的图式相一致的信息填充缺失信息，不愿丢弃和修改他们已有的图式，从而运用原有的不适用的图式进行判断和推论。因此，信息的不准确、缺失、单一（即不丰富）都会引起认知上的偏差，带来负面效应。刻板印象就是一种由图式引起的社会认知偏差。消极的刻板印象指向外群体就容易形成偏见，从而破坏人际交往；而指向内部则容易产生刻板印象威胁效应（俞国良，2010）。

总的来说，基于图式的干预策略旨在改变受威胁个体对威胁信息的图式表征，通过不同的干预形式，使个体对自己所处的“弱势”群体进行重新定义，或是通过提高个体对任务相关的另一个更积极的群体的认同来对刻板印象威胁效应进行干预。

A. 提供对困难的外归因

向个体提供与测试或任务相关的任何焦虑或困难的外部原因，都可以降低刻板印象威胁效应。在稍早的文献中，Wilson 和 Linville（1985）的研究关注了提供困难外归因对大学新生学业适应的影响。他们认为一些消极的理解或解释导致了长期工作表现不佳的恶性循环，即对消极结果的自责导致焦虑水平提高，这进一步导致更差的绩效和更多的自责。但如果把失败属性的归因从消极方面（如智力缺陷）转换为非消极方面（如环境的艰难），将中止这个恶性循环，最终改善绩效表现。为了检验这个假设，Wilson 和 Linville 对遭受学业困难威胁效应的大一新生进行了一项实验，他们说服进入大学的学生相信学业困难是由暂时的、外在的因素而非稳定的内部因素造成的。结果显示，这些大学生不仅在大学第二年提高了他们的 GPA（grade point average）成绩，且相较于未提供以上信息的控制组学生，他们更愿意继续留在大学学习。在这个研究中，大学新生对自己的学业困难事件往往会形成“智力缺陷”的消极信念，因而他们不断体验到消极的情绪，以致产生更多的消极结果。Wilson 的假设中只要将归因方向从内部稳定因素改变成外在不稳定的因素，则可以中止这个恶性循环，也就是说提供了对困难的外因解释，能够帮助其减少消极信念（如消极刻板印象）的损害。

Johns 等（2005）将提供对困难外归因的方法直接应用到了刻板印象威胁效应干预的实践之中。在他们的研究中，明确地告诉被试刻板印象威胁可能带来的消极影响，具体来说，被试被告知任何感知的焦虑情绪都可能来自“女性数学能力差”的消极刻板印象，但这些焦虑情绪并不能影响或证明他们实际完成任务的能力，也就是说数学成绩差源于消极刻板印象引发的焦虑情绪，而不是其实际的能力体现。困难的外归因（焦虑）减少了性别刻板印象威胁典型结果的发生（Johns et al.，2005）。其他研究者也有相似的发现，提供焦虑的外归因，使被试将注意集中于当前的任务而非焦虑感受，就会减少刻板印象威胁，其测验结果与没有受到威胁的控制组水平相当，同时女性与男性的数学测试表现一样好（Ben-Zeev et al.，2005）。

维纳归因模型能很好地解释为什么提供困难的外归因对威胁效应有干预效果。受刻板印象威胁的个体倾向于将任务上遇到的困难归因于群体弱势所导致的能力不足，影响其在相关任务中的表现水平。按照维纳的归因理论，能力是内在稳定又不可靠的因素，会导致个体不断体验消极的情绪，进而产生更多的消极结果。若通过干预策略将归因方向从内部稳定因素改变为外在不稳定的因素，个体所经历的消极主观感受就会减少，从而达到消除刻板印象威胁效应的效果。

B. 提供角色榜样

接触成功的真实人物（Marx & Roman，2002）或虚构角色（McIntyre et al.，2003）是另一个应对刻板印象威胁的有效干预措施。这类干预策略之所以能够取得一定的效果，很可能是由于提供群体内成功的角色榜样可以使内群体成员更多地关注自身所具有的积极特质，从而达到对刻板印象威胁效应的成功干预。

当奥巴马的就职演说得到广泛传播时，非裔美国人的标准测验成绩得到了具有深远意义的改善，研究者将这一现象称为"奥巴马效应"（Marx et al.，2009）。奥巴马的成功有利于减轻非裔美国人所承担的代表或维护这一群体的责任。当消极刻板印象被看作是验证被威胁群体表现欠佳的有效证据时，由于个体认为无法承担维护群体声誉的责任，就会成为其心理上的负担。而突出一个成功的群体内榜样，也许可以消除这种威胁。当他们得到"奥巴马的令人瞩目成就"的提醒时，非裔美国人似乎能在测试时感到放松，从而提高了测试表现。因为他们抵御消极刻板印象的额外负担减轻了（Schmader et al.，2008）。

研究者也使用实验的方法直接检验了提供角色榜样对消除刻板印象威胁的效果。例如，当女性了解了在数学或其他自然科学相关领域有一定成就的女性时，其在数学测验中的表现将得到改善（Marx & Roman，2002；Marx et al.，2005；Stout et al.，2011）。更有趣的是，有研究甚至发现仅仅是简单地阅读有关女性取得成功的文章，就能减少性别刻板印象给女性带来的负面影响（McIntyre et al.，2005）。与"奥巴马效应"相类似，研究者通过相关研究还发现了"希拉里·克林顿效应"（Taylor et al.，2011）：那些阅读了希拉里传记的女性在刻板印象威胁条件下数学测试成绩与不受刻板印象威胁的女性一样好。因此，直接或间接接触在某一领域取得成功的女性，都能够减少女性所受的刻板印象威胁的负面影响。

此外，如果测试任务是由一名女教师主持，女性在数学测验中会经历较少的刻板印象威胁；同时，也有证据支持由非裔美国教师主持的测验中非裔美国人会遭遇较少的刻板印象威胁（Marx et al.，2005）。所以如果测试任务由该群体的成员主持，就可以为受威胁对象树立一个同群体的良好榜样，也有减少群体成员所受的刻板印象威胁的可能。

C. 不强调受威胁的社会身份

刻板印象威胁的发生，很大程度上有赖于个体对威胁的意识水平，因而不强调受威胁的社会身份可减少个体对刻板印象威胁的感知，从而降低刻板印象威胁效应。

Stricker 和 Ward（2004）的一项研究发现，只是将有关种族和性别的标准人口学调查移至微积分测验之后，女性的测验成绩得到显著提高，即女性在微积分测验时没有明显感知到威胁因素，因而她们的测验成绩未受到影响。

Ambady 等（2004）的研究提供了更直接的例子：鼓励女性关注自己有价值的和独特的方面，减少了她们在数学测验中承受威胁的可能。Gresky 等（2005）通过鼓励女性制作很少结点的自我概念图（反映个体"最基本或根本特性"）和很多结点的自我概念图（反映个体的"完整描述"），来增加她们对自我复杂性的认识。对比那些没有制作自我概念图或是制作简单自我概念图的个体，只有那些制作复杂概念图的女性在涉及数学的操作实验中不受刻板印象威胁的影响。因此，鼓励个体多考虑自身的复杂性、多面性，可以减少个体对特定威胁身份的认识与关注，从而降低刻板印象威胁的损害作用。

通过不强调受威胁的社会身份来干预的另一种方式是保证没有威胁，例如，保证测验是不记名的、测验是公平公正的等。个体在任务中不用担心结果的好坏，也就不用承担验证消极刻板印象的风险，从而降低威胁效应。这一点在后文的重塑任务和改善环境策略中再作讨论。

D. 启动积极身份特征

根据符号交互作用理论（symbolic interaction theory）的观点，不同的身份具有不同的凸显性，个体通常会表现出与特定情境线索提示项一致的身份及该身份下的行为模式（吴小勇等，2011）。

在 Shih 等（1999）的研究中，他们让亚洲女性被试先填写一份简短的问卷，一组问卷包含凸显他们女性身份的问题（例如，你会选择单一性别的还是男女混住的大学宿舍），一组包含凸显他们亚裔美国人的身份的问题（例如，你家族有几代人在美国生活），或者凸显与其他测验无关的社会范畴身份（例如，无线电视用户）。之后让 3 组被试完成同样的数学任务。启动女性身份的被试在 3 组中数学成绩最差，这与"女性数学能力差"的刻板印象威胁效应是相一致的。相反，启动亚裔美国人身份的被试获得了 3 组中的最高分，这也是与刻板印象预计的该组数学能力相一致的（Shih et al.，1999）。

Hess 等（2003）使用启动积极刻板身份特征的方法成功地消除了老化相关消极刻板印象威胁对记忆能力的影响（Hess et al.，2003）。在他们的研究中，首先要求老年被试阅读一篇支持（消极组）或反对（积极组）老化相关消极刻板印象与记忆力存在关系的文章，以此来启动相关的消极或积极刻板印象，随后告知被试将要进行一套记忆力测验。结果显示，与消极组的老年被试相比，启动积极刻板印象条件下的老年人表现出较高的记忆测验成绩。

他们的研究结果提出了一项耐人寻味的可能的干预措施，通过一定的手段有选择地凸显个体有利于任务相关表现的社会身份，从而提高了任务表现。Shih 等（1999）的研究中具体表现为：凸显亚裔女性被试的亚洲种族身份，即启动数学领域相关的积极身份特征——"亚洲人擅长数学"，可以提升被试在数学测试中的成绩。在 Hess 等（2003）举的例子中，利用外显材料说明了记忆力不会受老化所影响，从而使被试的"老年人不擅长记忆"这一消极的刻板印象得到缓解。

E. 提供多重社会身份

Hugenberg 和 Bodenhausen（2004）认为，每个人都有多种不同的社会身份，而每种社会身份都会同时具有被社会文化积极刻板化和消极刻板化的身份特征；同时，个体也经常会以多种社会身份中的一种被加以归类。根据社会认同理论（social identity theory），人们有寻求或维持感觉积极自我的动机，而认同某一社会群体是实现这一动机最常见的方式。因此，研究者预测，当同时出现两种对自尊有着相反意义的社会身份可供选择时，人们会采用主动认同积极刻板身份（而拒绝认同被消极刻板的社会身份）的方式来维持自尊（Roccas，2003）。当积极刻板身份被激活时，另一种消极的刻板身份就会受到抑制。因此，对积极刻板身份特征的认同会减弱消极刻板印象威胁的效应。

Rydell 等（2009）推断，在刻板印象威胁情境中启动被试另一积极刻板印象的身份特征，可以减弱或消除消极刻板印象对相关领域任务表现的消极影响（Rydell et al.，2009）。延伸 Shih 等（1999）的研究，Rydell 等（2009）设计实验检验了在刻板印象威胁情境中（告知女大学生被试将要进行一套数学能力测试），分别启动女大学生的积极刻板身份特征（大学生的数学能力好）、消极刻板身份特征（女性数学能力差）和同时启动积极和消极刻板身份特征（大学生数学能力好，女性数学能力差）对消极刻板印象威胁效应的影响。结果表明，启动积极刻板身份和同时启动积极和消极刻板身份特征的情境中女大学生的数学成绩，明显好于控制情境和启动消极刻板身份特征的情境，说明两种情境都能有效减少消极刻板印象威胁效应。

需特别指出的是，“不强调受威胁的社会身份”、“启动积极身份特征”和“提供多重社会身份”都是与身份有关的干预策略，并且 3 种刻板印象威胁干预策略的有效性都主要是针对启动消极刻板身份特征的情境，然而，三者在干预内容上虽有交叉，但又各有侧重：“不强调受威胁的社会身份”的干预策略侧重于降低对威胁的意识水平，“启动积极身份特征”的干预策略则强调提高对积极的社会身份特征的意识水平，而“提供多重社会身份”的干预策略则凸显了个体对多重社会身份的自主选择。

（2）基于自我的刻板印象威胁干预策略

有一种观点认为，刻板印象威胁源于当人们的积极自我意识与他所属社会群体在某一给定领域必定失败的期望不一致时发生的认知失调（Schmader et al.，2008）。Rydell 和 Boucher（2009）的研究发现，同时给被试提供“大学生”和“女性”两个社会范畴的身份，具有较高自尊者更易感知自己作为一名大学生，从而降低了威胁，而低自尊者仍困于刻板印象威胁中，表现不佳。具体来说，被试被随机分配到 4 个组，控制组不提供任何女性或大学生的身份信息，实验组一强调数学能力差的女性身份，实验组二强调数学能力好的大学生身份，实验组三则同时呈现这两种身份。所有被试都要完成一项高水准的数学任务，结果显示在控制情境和强调某一社会身份的条件下，高自尊者和低自尊者任务完成的正确率没有明显的差异（当然，实验一条件下完成情况明显差于控制条件），而在提供两种社会身份的条件下，从低自尊到高自尊数学任务完成正确率明显上升。

自尊是个体基于自我评价产生和形成的一种自重、自爱，并要求受到他人、群体和社会尊重的情绪体验，是对自我的评价与接纳。人有自我提升的一般趋势，对那些自尊水平更高的人来说这种趋势尤其强。具有较高自尊的人更可能展现自己更加正面的形象，并且更准确地感知积极评价而非负面评价。人的自我图式影响了人们感知信息的方式与方向，鼓励自我肯定、强调智力增长观以及改变内隐态度的训练，都是对个体的自我图式进行干预，改变个体的态度、动机等。

基于个人特质的干预策略通常是通过改变个体对自我的评价倾向和自我图式，影响其对外界信息的感知和评价偏向，即个体对自我有积极的认识和定义，从而抵消来自刻板印象威胁的对个体心理活动和任务表现的消极影响。

A. 鼓励自我肯定

远离威胁及失败的一种重要方法是肯定自我价值，即鼓励个体关注自己的特长或重要价值。自我肯定涉及通过思考自己各方面的价值（如特征、技能或角色）来强化个体的自我价值。

Cohen 等（2006）的研究证明，使个体不断地肯定自我价值，缓解了刻板印象对学生的心理威胁，学生的学业表现获得心理的和实际的进步。将七年级的学生随机分配到干预组或对照组，两组均提供核心价值观的清单。让干预组的学生列出对他们来说很重要的价值观，并说明原因。而控制条件下的学生被告知列出对于他们来说不重要的价值观，并说明这些价值观可能对别人来说很重要的原因。结果显示，相较于那些控制组的非裔美国被试，干预组的非裔美国被试不但 GPA 有所提高，而且在其他方面也可观察到对黑人学生的干预效果，例如，满足自尊的需要，保护自我完善。

多项研究都表明，受刻板印象威胁的个体得到自我肯定的鼓励后，其相关任务的表现都会有明显提升（Bowen et al.，2012；Sherman et al.，2013）。Sherman 等（2013）通过纵向研究设计考察，通过反思个人价值观的核心鼓励中学生自我肯定，从而明确了其学习动机和提高了学业成绩。他们同时也通过写日记的形式来鼓励学生的自我肯定，并以此考察鼓励自我肯定的作用机制是怎样的。学生通过日记的形式记录日常学习中取得的进步，从而形成了积极的叙事方式。通过对自我价值的肯定，避免了刻板印象威胁进入自身的评价体系中，从而削弱甚至消除了其威胁效应。

B. 强调智力增长观

对能力本质属性的理解将会影响一个人在面临挑战或困难时的动机和成就。对智力发展的理解有两种不同的观点：实体论（entity theory）和增长论（incremental theory）。智力实体论的观点认为智力是固定的，不会随着时间的推移或环境的变化而变化；而智力增长论的观点相信智力是动态发展的，是可以随着时间的推移或环境的变化而变化的。当个体面临挑战时，持智力实体论者可能会认为自身的能力不足以应对，所以会倾向于选择逃避或放弃任务；持智力增长论者则会更多地关注能力的改善，更倾向于选择进一步学习从而克服困难（Dweck & Sorich，1999）。由于持这两种不同的观点的个体在应对方式上存在一定的差异，同时对刻板印象威胁效应的干预目的希望受威胁个体是以更积极的态度来应对威胁情境带来的消极影响。所以研究者利用了这一差异来改善受威胁个体在威胁情境中的表现。

研究表明，通过强调智力的可扩展性改变学生对智力本身的看法，可以减少刻板印象威胁的影响。Aronson 等（2002）认为随着时间的推移，一些黑人学生将“智能是固定不变的”这个观点内化，从而导致他们在学术领域内的表现不佳。因此，他们相信，若个体更倾向于认为智力是可增长的，则会抵消刻板印象威胁的影响（Aronson et al.，2002）。Aronson 和他的同事通过让在校非裔美国大学生用智力增长的观点写信鼓励那些在学校有困难的学生，同时经过两期主张智力可塑的讨论，非裔美国大学生对智力的态度有了很大的改善。此外，更具意义的是，对比控制组，被试在其他科目上的成绩也得到了提升。智力增长观可以帮助黑人大学生保持对学业的心理投入，促进学业成绩，最终降低刻板印象威胁的消极影响。

C. 训练改变内隐态度

尝试通过改变个体内隐态度或观念消除刻板印象威胁效应的研究，在近年来受到了很多研究者的重视。该干预策略相对间接地在个体没有意识到的情况下改变了其态度和动机，从而影响了相关任务的表现。

社会认知的研究表明，要改变个体对某个领域的认同，一个有效的方式就是让他们"接近"该领域（Seibt & Förster，2004），在"接近"行为后，人们往往会对所接近领域的评价变得更加积极，对该领域的认同度也会随之提高。例如，Kawakami 等（2008）就曾使用简单的任务训练女被试"接近"数学，来改变女大学生对数学的态度。在训练中，他们要求女大学生观察计算机屏幕上呈现的符号，当呈现的是数学符号时，拉游戏手柄接近自己，当呈现的是艺术符号时，推游戏手柄远离自己。通过这一方式，使女大学生"接近"数学，从而改变其对数学的态度。结果发现，在接受训练后，女大学生对数学的内隐态度更加积极（Kawakami et al.，2008）。

最近，Forbes 和 Schmader（2010）使用改编的内隐联结测验（implicit association test，IAT）进行改善内隐态度的训练，成功地提升了女大学生对数学的学习动机，消除了刻板印象威胁对任务表现的消极影响。在训练程序中，他们将"女性擅长"和"数学"相关的词汇设置成同一个反应键，即当被试认为是描述女性所擅长的特质的词汇（如聊天、打字、广告等）和数学相关概念词汇（如加法、计算、方程等）出现在屏幕中央时，按同一个键（如"e"键）进行反应；将"男性擅长"和"语言"相关的词汇设置成同一个反应键，即当被试认为是描述男性所擅长的特质的词汇（如运动、散步、工作等）和语言相关概念词汇（如形容词、阅读、语法等）出现在屏幕中央时，按同一个键（如"f"键）进行反应。通过这一操作将"女性擅长"与"数学"相关的概念联系在一起，消除了被试头脑中"女性不擅长数学"的消极刻板印象。结果发现，接受该内隐训练的女大学生对数学的态度好转，学习数学的动机明显增强，同时，数学测验成绩也没有受到消极刻板印象威胁的影响。

此外，训练个体重新评估他们在完成任务过程中的情境及内部的情绪体验（主要指焦虑），以此来抑制刻板印象威胁情境所引发的一系列不良的认知心理过程（如想法压抑），从而提高任务成绩（Schmader，2010）。其他研究结果同样能证实这个观点，例如，如果事先告知女性被试关于刻板印象威胁，以及刻板印象威胁是怎样在测验情境中使女性变得更焦虑而导致测验成绩下降等相关信息时，女性被试就会重新评估焦虑体验，压抑刻板印象相关想法的努力就会消失，任务成绩也未受到刻板印象威胁效应的影响（Johns et al.，2008）。

（3）基于情境因素的刻板印象威胁干预策略

有研究者指出，刻板印象威胁是一种情境性的体验，个体并不会持续地体验这种消极的情绪（Steele，1997）。只有当被试对刻板印象有所意识时，刻板印象威胁效应才可能发生。另外，个体只有担心自己验证消极的刻板印象时才会产生威胁感，如果测验不可信或与能力验证无关，刻板印象威胁效应则不会发生。基于此，研究者使用不同的干预策略对个体所处的任务情境做了改变，使与任务相关的刻板印象威胁不被个体所察觉，即不激活被威胁个体的受威胁身份。此时受威胁个体就不会担心自己会验证所属群体消极的刻板印象，也不用为避免验证该消极刻板印象威胁消耗认知资源。这样一来，相关的任务表现就不会受到影响，从而达到了对刻板印象威胁效应的干预。因此，重塑任务与改善环境是很有效的干预策略。

刻板印象威胁效应大多数是与任务类型相关的，同时刻板印象群体被认为在相关类型任务中的表现欠佳。因此，只是简单地通过改变对任务的语言描述——不包含刻板印象信息来重塑任务，刻板印象就不会被启动，就可以消除刻板印象威胁。例如，告诉准备参加数学测验的女性，测验并不存在性别差异或者在性别上是公平的。女性被试在得到测验不会产生性别差异的结果保证后，她们可以表现得与男性一样好。因为个体不用害怕自己的表现将验证“女性数学能力不如男性”这一刻板印象（Good et al.，2008）。任务的难易程度也会影响刻板印象威胁的产生。一般而言，降低任务难度会减少刻板印象威胁效应，这可能是因为被试过去的成功经验抵消了威胁效应，同时容易的任务本身也不需要调动全部认知资源（O’Brien & Crandall，2003）。

将任务描述成对个体具有挑战性时，也可以有效减少刻板印象威胁对相关任务表现的消极影响。如有研究发现，当将数学测验描述成女大学生可以在测验中学到很多东西，并且解决这些问题可以使大脑变得更加敏锐，对提高数学成绩乃至整个学业成绩都有很大帮助时，女大学生的成绩明显好于将数学测验简单地描述成“数学能力诊断测验”条件下的女大学生（Alter et al.，2010）。

Steele（1997）指出，在学校教育中，改进学生的学习环境可以改善刻板印象威胁，如建立积极的师生关系。受到刻板印象威胁的群体成员可能担心他人怀疑自己的能力，因此Steele认为建立积极的师生关系可以改变这个假设。其次给学生提供的具挑战性的工作，让他们认识到老师承认他们的潜在能力，愿意向他们提供挑战的机会，能够解除个体验证消极刻板印象的风险，让他们集中实现潜能从而降低威胁。

值得一提的是，为刻板印象相关领域的表现提供建设性的意见而非批评性意见，强调达成高标准的能力保证（Dorvil，2011），学生将不能凭刻板印象判断，那些刻板印象只是单纯的假设而非对他们能力的质疑。

2. 各类刻板印象威胁干预策略比较及展望

（1）3类干预策略的比较

研究发现，当刻板印象威胁是以群体为目标时，基于图式的干预策略（提供积极的角色榜样）的效果，要好于基于个人特质的干预策略（鼓励自我肯定）；而当刻板印象威胁是以个体为目标时，情况则相反（Shapiro et al.，2013）。这就可以说明不同类型的干预策略的作用机制是有差别的，虽然上述3类刻板印象威胁效应的干预策略都是针对个体的，并且大部分干预策略最后都会回到提高任务表现或提高心理感受这一目的上去，也都能有效减少或消除刻板印象威胁效应，但每一类干预的侧重点以及作用机制都有差别。

第一，基于图式的刻板印象威胁效应的干预策略，是对消极刻板印象情境的一类控制方式。人有不同的社会图式，Taylor和Crocker（1981）就曾把社会图式划分为4类：自我图式、人的图式、角色图式以及时间图式。每一类图式又可以具体细化，例如，角色图式中对不同的角色（警察、医生、学生、教师）有具体的行为心理框架。基于图式的干预策略是站在个体拥有多重认知图式结构的基础上（从认知转换方面入手），侧重于控制刻板印象威胁情境中的各类信息，例如，提供多种信息供刻板印象威胁群体选择，达到以不同的图式结构形成对刻板印象威胁的不同认知之间的认知转换，从而削弱威胁效应。

第二，基于自我的刻板印象威胁干预策略是一种训练个体内隐态度动机的应对方式。基于图式的刻板印象威胁的干预策略存在一个问题，就是如何决定个体选择何种认知图式。基于自我的干预策略则是一种内隐的改变策略，使个体形成积极自我意识压倒其所属社会群体在某一给定领域必定失败的期望，这在一定程度上解释了基于图式的干预策略存在的问题。

第三，基于情境因素的刻板印象威胁干预策略可以看成是一种教育启示。虽然基于自我的刻板印象威胁的干预策略可以解决基于图式的干预策略的问题或局限，但内隐的认知变化更多的只是聚焦于当前的实验处理中，要延伸这种内隐认知的改变或者说塑造人格特质最重要的是教育，所以基于情境的干预策略主要是改善教育环境，以教育塑造人。

（2）问题与展望

前人在刻板印象威胁干预这一领域内的研究取得了卓越的成就，特别是为改进教育教学活动提供了良好的方法和建议，另外，这些研究又不可避免地存在一些不足。

第一，以往干预策略研究涉及的群体身份过于单一或简单，造成干预策略或方案的生态效度不足。以往研究主要集中于一群相当特殊的样本群体，然而一个个体的社会身份是很复杂的，不局限于性别、年龄、种族、宗教等几个群体概念，提供多重社会身份也只是提供多重典型的社会身份，总不能如真实生活多样、细化。未来的研究可以结合更多的群体身份特征开展，例如，可以针对来自小城市、毕业于重点大学、现职业为中巴车司机的“90后”独生子女这一群体，探讨“城市人”、“重点大学大学生”、“中巴车司机”、“90后”以及“独生子女”这一系列身份特征所具备的冲突或相近的刻板印象将会引发怎样的效应。

第二，本节所提到的这些干预策略大多是适用于特定的实验情境的，其干预效果维持时间短，并且很难渗透到实际生活中。不难发现，以往研究提到的这些有效的干预策略的影响并不持久。真实的社会生活中的情境可控性低，而我们真正需要的是现实生活中的“疗效”，刻板印象威胁的外溢（即受威胁的个体在脱离威胁情境后其表现仍受到刻板印象威胁的消极影响）从另一方面表明了刻板印象威胁的情境不受限（Inzlicht & Kang，2010）。现实生活总是不能如实验条件那样单一。未来可以考虑长远的、发展性的干预策略的研究，例如，如何将教育教学做到“尽善尽美”，如何帮助个体更深入地了解自己所在的群体和接触其他群体，以形成更多更全面的认知图式，进而探讨这些更深入更全面的认知是不是在长远的发展性时空里削弱了威胁效应。例如，Sherman 等（2013）用纵向研究的设计，考察了鼓励自我肯定对刻板印象威胁效应的干预效果，在一定程度上丰富了这一领域的理论框架。

第三，以往研究中所提到的刻板印象威胁干预策略，无论是转换个体当前已有的认知图式还是通过教育形成积极的认知图式，都主要集中在个体身上。要提高这些干预策略的使用效率，就要尝试将这些应用于个体的干预策略推广到群体中。如何将这些干预策略或者其变式应用到群体中，以及应用到群体中时效果如何，或者开发更有效的基于团体的干预策略等问题，还都有待未来研究的进一步探讨或检验。

第四，以往研究更多关注的是消极刻板印象威胁效应，所探讨的干预策略也是针对消极的威胁效应而设计的。刻板印象威胁虽然会影响或损害个体在相关领域的任务成绩，表现出了更多的消极效应，但是刻板印象威胁也有其存在的积极意义。Shih 等（2002）的研究发现，恰当地启动刻板印象可以促进个体在相关领域的测验成绩。刻板印象威胁并不一定意味着消极效应，群体中的大部分人可能都具有消极刻板印象所示的特征，这一特征群体中有人受到刻板印象威胁，有些人则有幸免之甚至产生某些积极效应（Rydell & Boucher，2010），例如，刻板印象的阻抗（Stereotype reactance）（Kray et al.，2004）。因此，未来研究应更关注刻板印象对个体的积极意义，探讨更有效地促进刻板印象对个体积极效应的干预策略。

第五，现有文献中出现的关于刻板印象威胁的干预策略，都是未将文化背景和社会制度考虑在内的和"去情境化"的。研究表明，刻板印象威胁效应在不同的文化背景中存在差异。非常典型的一个例子就是，在不同文化中人们对待老年人的态度有所不同。如研究发现，与白人和美国黑人大学生相比，西班牙大学生对老年人的态度更加消极（Laditka et al.，2011）。另外，也有研究发现，处于不同文化的个体对刻板印象威胁的感受也是有差异的。研究结果显示，相较于中国北京的老年人，居住在苏格兰的老年人（包括苏格兰本土的老年人和移民苏格兰的中国老年人）对待老化有更积极的态度（Laidlaw et al.，2010）。由于跨文化差异的存在，未来研究应更加关注社会制度的改善对消除刻板印象威胁效应的意义。

第六，本书依据认同威胁模型，将影响自我评估的3种因素——群体表征、个人特质以及情境线索作为分类的理论框架和标准，对多种干预策略进行了分类。Shapiro等（2013）的研究结果，在一定程度上给我们的分类提供了可能的解释。他们发现，对不同类型的刻板印象威胁，相同的干预策略会带来不同的影响结果，这就可以说明不同类型的干预策略的作用机制是有所差别的。然而，虽然我们依托理论框架和分类标准，对每一个干预策略都进行了细致的考虑，根据每一项策略的侧重点不同来对其进行类别的划分，但不同类的干预方法之间在其作用机制上很可能会存在着一定的交叉和重叠，从而影响分类的信度。基于此，在未来研究中可以使用一些统计手段（如元分析）排除干预策略类别间的共性成分，揭示各类干预策略独特的作用机制，以提出更加可信和可靠的分类标准。

消极的刻板印象之所以会带来威胁效应，或许脱离不了污名及“歧视”，因为一旦验证了这些消极刻板印象，将会在社会生活中受到不公正的对待。因此，要削弱或减少刻板印象威胁，首先要找出刻板印象威胁效应的根源即消极刻板印象。尽管王沛（2000）曾指出刻板印象因其认知特点而无法根本消除，但是我们仍要努力营造一种对每个成员都安全的、没有威胁的社会氛围。要达到没有威胁的理想状态，就需要最大限度地削弱刻板印象，降低群体划分还需要从“社会”入手，即克服刻板印象威胁的关键在于实现社会整合，使人们能在一个综合的环境里蓬勃发展。没有人可以断言某一特定的群体缺乏某一特定的能力，研究者呼吁，在制度层面上我们必须促进“身份安全”。这就意味着努力建立一个综合各类价值观的和承认“多元的社会身份”的社会环境，人们将得到尊重，体验到自身价值，获得发展（Davies et al.，2005）。

三、公众污名与自我污名的影响

（一）公众污名与自我污名

Corrigan（2004）进一步将污名区分成两种类型：公众污名和自我污名。公众污名是一个群体或社会所持有的某种类型个体不受社会欢迎（或接纳）的知觉，经常可以引起对被污名者的消极反应。公众污名的知觉是有害的，因为它经常引起对被污名者的刻板化、偏见和歧视。自我污名是由于将自己标签成不受社会接纳的某类人而造成的自我价值感或自尊的降低，自我污名是内化公众污名时，被污名者对自己作出的反应（Corrigan，2004）。这两种污名的划分已经被广泛应用于心理疾病污名的相关研究中（Cooper et al.，2003；Corrigan & Penn，1999），并且为进一步揭示污名效应的机制作出了重要的贡献。

Corrigan 的公众污名和自我污名都是由刻板印象、偏见和歧视 3 个部分组成的（图 1-3）。虽然指向的对象相同，但是 3 个成分的施予者是不同的。公众污名是一般公众对被污名者作出的反应，如有偏见倾向的人很容易赞同社会关于被污名群体的刻板印象，并产生消极情绪反应，导致歧视行为（如图 1-3 所示）；而自我污名是被污名者由于内化污名观念对自己作出的反应，如被污名者对自己产生偏差的认知，引起低自尊和低自我效能感，进一步产生自我歧视行为（图 1-3）（Link et al.，2001；Markowitz，1998）。

公众污名	自我污名
刻板印象 关于某个群体的消极信念 例如：危险 没有能力 个性软弱	刻板印象 关于自己的消极信念 例如：个性软弱 没有能力
典型反应：所有的精神病患者都是危险的	典型反应：所有的精神病患者都是没有能力的
偏见 赞同消极信念 消极情绪反应 例如：愤怒 恐惧	偏见 认同这些信念 消极的情绪反应 例如：低自尊 低自我效能感
典型反应：我同意，所有的精神病患者都是危险的，并且我很害怕他们	典型反应：我有精神病，所以我是没有能力的
歧视 对偏见的行为反应 例如：避免提供住房和工作机会 拒绝提供帮助	歧视 对自我偏见的行为反应 例如：不去寻求工作和住房的机会
典型反应：我不能离他们太近；我不会雇用他们	典型反应：我们为什么要去找工作，我是一个没有能力的精神病人啊

图 1-3　公众污名与自我污名

资料来源：Corrigan，2004；Corrigan et al，2005；Corrigan & Watson，2002

（二）公众污名和自我污名的关系

社会文化中存在着许多关于某类人群的相关污名。大部分社会成员（包括被污名者）都能够意识到被污名人群的相关污名，如对于患有精神疾病的人，人们很容易联想到与之相联系的消极刻板印象（或污名）：危险、没有能力（缺乏自制力）、没有强大的道德意志等（Hayward & Bright，1997）。但是，这些污名的存在并不意味着公众污名和自我污名的发生。对于公众污名来说，了解某群体相关污名的人并不一定赞同污名观念。

Jussim 等（1995）用实验室研究的方法，检验影响人们偏见的因素时发现，参加实验的大多数被试都有着关于某群体一系列的消极刻板印象，但是他们同时也表示并不赞同这些消极特征。因此，研究者相信只有一般公众对污名群体持有偏见时，公众污名才会发生。对于自我污名来说，意识到污名的存在与内化相应的污名观念也不存在着必然联系（Crocker & Major，1989）。只有在社会所表达的关于某种污名的消极形象被内化（Corrigan，2004，1998；Holmes & River，1998），并且个体认为这些消极形象同时也存在于自身时（如求助心理咨询服务的人认为，自己具有社会上关于求助心理咨询个体劣势等、无能力、个性软弱等污名化的形象）（Nadler & Fisher，1986），自我污名才会发生。被污名者能够知觉到公众污名只是自我污名发生的前提条件，并不意味着自我污名也会同时发生。例如，大量研究表明，许多精神病人都能够意识到社会公众对精神病人的消极刻板印象，但是他们并不认为自己具有这些消极特征（Bowden et al.，1980；Hayward & Bright，1997；Wright et al.，2000）。

另外，还需要强调两点：首先，尽管不同领域的理论家们分别提出了公众污名和自我污名的概念，但是在实际的研究实践中，研究者经常将它们同时作为研究变量，并相信它们是相互影响和相互加强的（Corrigan，2004）。其次，很多研究发现，自我污名是公众污名（或污名知觉）对被污名者产生效应的中介变量。例如，Mak 等的研究表明，公众污名知觉（知觉到的责备）通过自我污名影响社会支持和心理抑郁感（Mak et al.，2007）。Vogel 等的研究显示，公众污名的知觉通过自我污名影响大学生对寻求心理咨询的态度，进而能够预测寻求心理咨询帮助的意愿（Vogel et al.，2007）。

（三）公众污名和自我污名的测量

1. 公众污名的测量

现有的公众污名测量工具大致可以分为3类：第一类是被污名者知觉到自己及其群体被污名化程度（即污名知觉）的测量工具（只适用于污名群体）；第二类是一般公众对某个污名群体态度的测量工具（只适用于一般公众），如Kalichman等开发的艾滋病相关污名量表（aids-related stigma scale）（Kalichman et al.，2005）；第三类是所有人群对某个污名群体态度的测量工具（能够同时应用于污名群体和一般公众），如Day等编制的精神病污名量表（Day's mental illness stigma scale）（Day et al.，2007）。由于在这3个分类中，污名知觉是理解污名对个体产生影响的最重要的中介变量，对研究污名效应有着重要意义，本书将重点介绍污名知觉相关的测量工具，涉及精神病、神经病（以癫痫病为例）和传染病（以艾滋病为例）等3类常见的污名群体。

（1）癫痫症相关污名的测量

癫痫病污名的测量可以追溯到1980年。Ryan等用青少年后期和成年人组成样本，检验了由21个项目组成的污名测量工具的有效性（Ryan et al.，1980）；随后，Westbrook（1992）和Jacoby（1994）等分别在自己的研究中设计了3个项目测量癫痫症的污名知觉；Cramer等（1999）发表的癫痫症青少年生活质量的测量工具——QOLIE-48中，包含了一个信效度较好的污名子量表。最近，Austin等（2004）出版了两个简短的量表测量儿童的污名经历，一个用于儿童本身，一个用于他们的父母。下面详细介绍一下Jacoby和Austin的量表。

A. Jacoby的污名测量工具

Jacoby将一个用于中风（stroke）患者的量表进行修改，用来测量癫痫症个体的污名知觉。量表包括3个问题，要求被试作是否回答。一个积极反应记1分，3个问题的总分即为个体知觉到的被污名化的程度。对患有癫痫症的青少年和成人研究的结果显示，修改后量表的内部一致性信度较高，污名分数与社交活动呈负相关。这些结果支持了量表的稳定性和有效性（Jacoby，1994）。但是，经过深入的分析发现，只有14%的人在污名量表中得到了1分或多于1分，被试没有明显地知觉到自己被污名化。这一结果并没有进一步支持该量表的有效性。虽然得到这样的结果，但该量表在研究中的应用却没有因此结束，Baker 等再次使用这一量表对欧洲 15 个国家中 16 岁以上的癫痫症青少年或成人进行测量，得到了完全不同的结果，大多数人（51%）都报告知觉到了污名；除此之外，18% 的被试对量表的 3 个项目都作出了积极反应（Baker et al.，2000），显然，被试明显地知觉到了自己被污名化。为什么同样一个测量工具在不同地域中得到了不同的结果呢？研究者猜测，很可能污名知觉不仅受到个体特征的影响，更会受到文化特征和个人信念的影响。

B. Austin 等的儿童污名量表

Austin 等通过文献回顾和开方式访谈，分别编制了 5 个项目的父母污名量表（parent stigma scale）和 10 个项目的儿童污名量表（child stigma scale）。其中，父母污名量表测量与他们患有癫痫症的孩子被污名化的相关知觉。由于儿童是真正的癫痫病患者，这里主要介绍儿童量表。

儿童污名量表由患有癫痫症的儿童被试自己填写，测量被试由于癫痫发作而引起的被看成是另类或尴尬的感觉。该量表要求儿童报告隔多长时间他们就会感觉到由于癫痫症的原因其他人不舒服或不愿意做他们的朋友。例如，“由于癫痫症发作，多长时间你就会感觉到一次自己与其他的孩子是不同的；如果知道你患有癫痫症，多长时间你能感觉到一次人们不喜欢你”。将 10 个项目的总分作为知觉到污名的指标，分数越高，污名知觉越强。他们将该量表对 173 名癫痫症儿童进行施测，删除项目–总分相关系数较低的两个项目后，对剩余项目进行因素分析，得到了一个因素，解释总变异的 44%，内部一致性系数为 0.81。结果还显示，量表总分与自我概念和抑郁症状存在显著相关。这些结果表明，该量表具有较好的信度和效度（Austin et al.，2004）。

（2）艾滋病污名的测量

A. Sowell 等的艾滋病污名量表

20 世纪 90 年代后期，Sowell 等人为了检验美国西部农村地区艾滋病病毒（HIV）感染女性的污名知觉、可利用资源（医疗护理、基本生活需求、婴儿照顾等）的充分性和污名揭示模式之间的关系，通过结构化访谈结果编制了 13 个项目的量表来测量 HIV 污名知觉。每个项目都要求被试评定多长时间自己会产生由于 HIV 被污名化或被置于危险境地的想法，如“我感觉到其他人由于我的疾病

（HIV 阳性）而责备我"，总分代表被试污名者知觉到被污名化的程度（Sowell et al.，1997）。在 Sowell 等的研究中，相关项目只作为他们探讨 HIV 女性生活状况和心理特质之间关系研究的一部分，并没有深入探索量表的潜在结构。

后来，Emlet 用 88 个 HIV/AIDS 个体组成的样本对该量表进行了修订。因素分析结果表明，由于单独形成一个因素，剔除第 13 个项目（知道我是 HIV 阳性的人以取笑的方式对待我）后，剩余项目平均分布于 3 个维度：远离（distancing）、责备（blaming）和歧视（discrimination）。量表总体 α 系数为 0.83，各维度的信度在 0.60 ～ 0.76，均在可接受的范围内。此外，总量表及子量表与 Lubben 社会关系网络量表（Lubben social network scale）（测量知觉到社会支持的量表）分数呈负相关，即知觉到社会支持资源（包括情感支持和工具支持）越少，知觉到的污名就越多（Emlet，2005）。

B. Berger 等的艾滋病污名量表

Berger 等认为，污名知觉是个体关于真实存在或者潜在的社会不胜任（不能被社会完全接纳，社交中遭遇拒绝）、机遇的限制（如住房、工作和医疗服务）和社会身份消极转变等的意识（Berger et al.，2001）。据此，他们编制了 184 个项目的艾滋病污名量表（HIV stigma scale）。为了检验项目的合理性，研究者两次要求相关专家（包括社会学家、心理学家和医护专家）评价每个项目在多大程度上反映了 HIV 污名知觉（或污名）的概念，同时要求专家指出是否还需加入某些项目。根据专家分析的结果，删除、修改和添加一些项目后，得到 101 个有效的项目，形成了 HIV 污名量表的初稿。对 318 名 HIV 个体施测的结果表明：剔除 61 个低质量的项目后，剩余 40 个项目分布在人格化污名（personalized stigma）、表露的关注（disclosure concern）、消极自我映像（negative self-image）和对 HIV 公众态度的关注（concern with public attitudes about people with HIV）4 个维度上；各维度的 α 系数均在 0.90 以上，两个星期后的重测信度也在 0.85 以上。结果还显示，量表（量表总分与各维度总分）与自尊、抑郁、社会支持、主观社会融合感以及社会冲突等指标的分数显著相关（Berger et al.，2001）。

一个样本探索性因素分析得到的量表结构能否适用于其他相似样本，还需要得到相关数据的支持，而 Berger 等的研究中没有提供相关的信息。为了弥补这一缺陷，Bunn 等用由 157 个 HIV 阳性个体组成的样本，对该量表进行了验证性因素分析，结果显示原来40个项目4个维度的量表结构并不能很好地适应于他们的样本。为此，研究者根据相关指标，删除8个项目之后，各个拟合指标均达到了合格的标准。这样，修订后的量表仍然包含4个维度。除了题目的数量，作者对子量表的命名也做了部分修改，将原来的“人格化污名”修改成“遭遇的污名”（enacted stigma），其他子量表的名称不变（Bunn et al.，2007）。

随后，Wright等的研究也对这一量表继续进行关注。他们抽取最初4个因素中因素负荷排在最前面的2～3个项目，形成10个项目的新污名量表，对64名HIV青少年进行施测，结果表明，量表仍然具有较好的信度系数（α均大于0.70）。同时，与社会支持、各种心理症状指标及吸毒酗酒倾向等指标分数的相关，则为该简短量表的效标效度提供了支持（Wright et al.，2007）。通过这一研究，Wright等再一次证明了Berger等编制的HIV污名量表是一个信效度良好的测量工具。

C. Holzemer等的艾滋病污名测量工具

与前面的量表相比，由于样本量充足，Holzemer等开发的艾滋病污名测量工具（HIV/AIDS stigma instrument）有着更加令人信服的结构。他们首先在非洲5个国家（莱索托、马拉维、南非、斯威士兰和坦桑尼亚）中对111个HIV/AIDS个体进行访谈，要求他们描述在家庭和社区中看到的或亲身经历的歧视或不公平事件。研究者依据访谈内容编写出90个测量项目。这些项目要求被试回答在过去的3个月中，由于HIV/AIDS身份，经历多少次量表项目中所描述的事件，如“有人攻击我”。在第二个阶段，研究者将初稿翻译成相应的语言，根据28个HIV阳性个体的建议完善量表后，对217个HIV个体进行初测。通过因素分析，删除18个共同度较低或因素负荷较小的项目。在第三个阶段，研究者再次从5个国家中选取1477名HIV/AIDS个体再次完成艾滋病污名（测量）工具，删除缺失数据较多和共同度低的项目后，最终得到33个项目，包含6个维度：语言攻击（verbal abuse）、消极的自我知觉（negative self-perception）、健康护理的忽视（health care neglect）、社会隔离（social isolation）、传染的恐惧（fear of contagion）和工作场合污名（workplace stigma）。信度分析表明，各维度的α系数在0.758～0.906。结果同时显示，该量表与HIV个体身心症状及生活质量量表分数显著相关（Holzemer et al.，2007）。

（3）精神病相关污名的测量

A. Link 等的污名经历量表

在消除精神病污名对个体消极影响的干预研究中，为了检验干预的效果，Link 等编制了污名经历量表。该量表包括 3 个部分：第一部分为污名的知觉和经历，包括知觉到的贬低–歧视（12 个项目）和自我报告的遭拒绝的经历（7 个项目）；第二部分为应对污名的方式，包括保守秘密（9 个项目）、退缩（9 个项目）、教育他人（3 个项目）、挑战（4 个项目）和远离（3 个项目）；第三部分为污名相关的情感，包括误解（3 个项目）、另类感和羞愧（4 个项目）。3 个部分对应污名的 3 个相关领域：污名的知觉和经历、污名的应对和污名的反应。量表中大多数项目都是以第二人称的陈述句形式呈现的，如"你鼓励家庭中的其他成员保守你精神病的秘密（保守秘密）；你与大多数精神病人是非常不同的（远离）"。

在干预过程中，研究者使用该量表对被试进行了 3 次测量：作为基线水平的干预前的初测（88 人），6 个月后的中测（70 人）以及 24 个月后干预结束的后测（55 人）。各子量表在初测和中测的内部一致性信度均在 0.60 以上；在后测中，除了另类感和害羞（0.58）以及远离子量表（0.41）外，其他各子量表的内部一致性信度仍然在 0.60 以上（Link et al.，2002）。

该问卷较为全面地测量了污名的相关领域，对相关工具的开发有着重要的参考价值和启发意义。但是，由于存在着没有严格的项目编写和筛选过程、没有初测以及信效度分析、样本量太小等问题，它还不能成为一个合格的心理量表。

后来，陆续有研究用不同的样本为该量表提供了信效度的支持证据。例如，Luoma 等关于物质滥用（substance abuse）个体的研究中，将贬低 – 歧视子量表进行修改，测量吸毒治疗的门诊患者在社会交往中所知觉到的污名。在他们的样本（n=197）中，各项目的内部一致性信度为 0.89，量表所有项目的总平均分（4.21）明显高于理论平均值（即量尺的中间值 4）[（t（193）=3.17，p=0.002）]，表明被试相信自己在社交中受到贬低和歧视。另外，结果还表明，吸毒（静脉注射）个体的污名知觉显著高于非吸毒的物质滥用被试（如酗酒），与研究者的预期相符（Luoma et al.，2007）。

与 Luoma 等不同，Ritsher 等组成的研究团队，将 Link 等量表中的贬低－歧视、污名–退缩、另类感和害羞 3 个子量表（29 个项目）和其他文献相结合，通过开会讨论确定了 55 个项目，形成内化精神病污名量表（internalised stigma of mental illness scale，ISMI）。在一个退伍军人医护中心的 127 个精神健康门诊患者组成的样本中，得到了非常好的心理测量学特性。结果表明，在删掉项目–总分相关小于 0.40 的项目后，剩余 29 个项目分布在疏远（alienation）、刻板认同（stereotype endorsement）、歧视经历（discrimination experience）、社会退缩（social withdrawal）以及污名阻抗（stigma resistance）等 5 个维度上。量表总信度为 0.90，重测信度为 0.92；各子量表的内部一致性信度在 0.72 ～ 0.80（污名阻抗子量表为 0.58，后来的研究中将该子量表去除）；各子量表的重测信度在 0.68 ～ 0.94。另外，结果还表明，该量表与污名信念和抑郁症候积极相关，与自尊、个人权威以及康复倾向（recovery orientation）消极相关。因素分析的结果表明，大部分项目都落在了预期的因素中（Ritshera et al.，2003）。

B. Wahl 的消费者污名经历问卷

Wahl 针对接受精神病治疗服务的“消费者”所体验到的污名，编制了一个消费者污名经历问卷（consumer experiences of stigma questionnaire，CESQ）。问卷编制之初，研究者通过文献回顾和与接受服务的“消费者”、相关专家的访谈结果中筛选出一些常见的精神病患者被污名化的经历，编写最初的量表项目；随后，根据国家精神病学会（National Alliance for the Mentally Ill）专家们对问卷内容和用词的反馈，研究者对问卷做进一步修改，得到最终的研究量表。该量表包含污名化和歧视经历两个部分。其中，污名化有 9 个项目，测量个体作为精神健康服务的消费者时在人际交往中的特定经历，如遭到他人的躲避和拒绝，看到或听到的关于精神病的消极报道等；歧视经历包括 12 个项目，考察消费者在租房、找工作与获得各种许可证件的活动中受到歧视的程度（Wahl，1999）。

Wahl 应用该量表对 1301 名接受过精神健康服务“消费者”的研究结果表明，大多数人都担心被看成是不受欢迎的；同时，由于被污名的经历，被试也报告出了挫折感、愤怒以及较低的自尊（Wahl，1999）。关于量表维度或结构，后来因素分析的结果表明，在解释总变异 50% 的 4 个因素中，有两个因素分别代表了污名化和歧视经历（Link et al.，2004）。

以后的研究中主要使用了该量表的修改版本。例如，Zaveri 等将该问卷修改成恰当的版本，用来比较癫痫患者和精神病患者知觉到的被污名化和遭遇歧视的程度，结果癫痫患者报告有被污名化和遭遇歧视的经历，但是知觉的程度要弱于精神病患者（精神病患者被社会文化污名的程度更强）（Link et al.，2004）；Dickerson 等再次对这一量表进行了修改。由于在量表的试测中，许多被试在他们接受精神治疗的环境中都不熟悉“消费者”这一术语，所以他们用“精神病患者”、“接受精神障碍治疗的人”以及“接受精神健康服务的人”等术语代替了原来问卷项目中的“消费者”，来测量精神分裂症门诊患者的污名知觉。另外，作答方式也由原来的纸笔测验形式改为在访谈的情境中由被试口头报告。他们研究所调查的 74 名被试中（稳定的精神分裂症的门诊患者），70% 的人怕自己被看成不受欢迎的人，58% 的人尽量避免和其他人谈论自己疾病的情况，58% 的人听到过冒犯性的言语等。这些结果为最初的量表提供了进一步的效度支持（Dickerson et al.，2002）。

（4）公众污名测量工具的局限与展望

由于受到研究群体的特殊性和研究者专业（大部分从事医学、社会学和健康护理行业）背景的局限，污名测量工具的开发很难符合心理测量标准的要求。从项目编写到标准化的整个过程中，存在缺陷和弱点是在所难免的。就整个污名测量的领域而言，还存在着以下需要研究者在未来的研究中予以关注并完善的问题。

第一，研究者都倾向于将“污名”和“正常”看成是相互对立的两个状态，编制的量表或者用于正常群体（测量正常人群对污名的态度），或者用于污名群体（测量污名知觉）。即使有的工具能够同时应用于两种群体，但也缺乏对处于中间状态群体（介于污名和正常的人群）的关注。然而，在很多情境中，“正常”和“污名”之间并不是截然对立的，可以看成程度不断加深的一个连续过程。例如，在中小学校园中，学习成绩水平就可以看成是划分污名化水平的依据，学习成绩不好的学生，会明显受到“差生”污名的影响。因此，如果能将“正常”和“污名”看成某个连续体的两极，在选取以某个概念为框架的基础上，未来开发出来的工具则可以实现在同一标准下污名知觉的比较，除了可以区分出“正常”群体和“污名”群体的差异外，也能检验出不同污名知觉水平个体独特的心理特质。

第二，以往的研究者都没有关注到污名的共性，测量工具的有效性只在一个群体中获得了支持，只能用于特定特征污名知觉的评估。然而，随着污名研究的发展，必然需要测量工具能够同时比较不同污名群体之间的差异。显然，基于一个污名群体开发的测量工具不能实现这一目的。为了适应研究的需求，未来开发的测量工具应该能够同时适用于多个不同的污名群体。Van Brakel 的文献回顾为编制这类量表的现实性提供了依据。他在对 63 篇介绍污名测量工具（涉及麻风病、精神病、癫痫症和艾滋病等污名群体）的归纳和总结中发现，至少有 35 个项目同时出现在了 3 个或更多不同的污名量表中，出现频率较高（至少出现在 4 种相关测量中）的项目描述的主题主要与婚姻、社交回避、污名特征的隐匿、害羞和尴尬和受到别人尊重等方面相关（Van，2006）。在不同的文化背景中，不同污名引起个体心理效应的相似性以及测量工具中跨样本的适用性表明，其为开发能够普遍适用于不同污名群体量表提供了前提（Van，2006）。

第三，以往量表未能很好地控制无关变量，如被试回答量表项目时有自我价值保护的作答倾向。污名无论对被污名的个体还是对正常的人群而言，都是一个非常敏感的话题。在测量对污名群体的态度时，对正常人群来说，为了表现得没有偏见，人们可能会有意识地掩饰自己的真实情感而作出相反的回答；而对于被污名者，为了保护自我价值，污名群体成员也很容易隐藏自己的真实感受而作出虚假反应。未来研究通过设置测谎题目、降低项目的敏感性或使用投射技术等措施，控制或排除虚假反应对研究结果的影响。

2. 自我污名的测量

尽管较早的时候就有研究关注到了污名对个体的生活目标和行为动机的影响，但是直到最近，研究者才开始重视自我污名在污名效应中所起到的重要作用。同样，如何将自我污名以量化的形式表现出来，也是摆在研究者面前的一个重要课题。研究者也开发了很多信效度较好的自我污名量表，如 Corrigan 等（2006）为检验自我污名对自尊和自我效能感的影响，首先将自我污名与 Link 等（Link & Phelan，2001）提出的刻板意识加以区分，从过程观的角度提出自我污名的 3 个成分：刻板认可（stereotype agreement）、刻板认同（stereotype self-concurrence)、自尊贬损(self-concurrence esteem decrement)。基于自我污名的3个成分和Link等刻板意识的概念相结合形成的自我污名过程的4个水平，研究者编制了60个项目(每个水平15个项目)测量精神病患者的自我污名水平(Corrigan et al.，2006)；Mak等以通过对同性恋、传染病、外来移民和接受心理健康服务消费者的焦点小组中得到的想法为依据，开发了一个具有较好信效度的跨群体适用的自我污名的测量问卷[如由于是(如艾滋病患者)，我降低了对生活的期望](Mak et al.，2007)；Vogel等(2006)通过5个研究，经过严格标准化的心理量表编制的程序，开发了一个单维度的寻求心理帮助相联系的自我污名量表，结果表明，该量表具有较高的信度系数和较好的结构效度、效标效度和预测效度。

(四)公众污名与自我污名对被污名者的影响

1. 公众污名的影响

公众污名最直接的影响就是限制了被污名者获得日常生活基本需求的途径。有研究表明，由于公众污名，被污名者不能获得理想的工作和租赁到合适的住房(Corrigan，1998；Wahl，1999；Webber & Orcutt，1984)。在一般健康服务体系中也出现了公众污名的消极影响。在可利用的更广泛和更深入的健康照顾服务中，精神病患者更少地从中获益。Druss及其同事对存档资料的研究表明，精神病患者获得了更少的医疗服务(Desai et al.，2002；Druss & Rosenheck，1997)。

另外，公众污名也影响着人们的行为动机。由于公众污名的存在，精神病患者会选择社交冷漠的方式防止消极群体身份(精神病患者)的形成。即他们没有寻找具有相同兴趣和共同生活目标伙伴的动机。研究表明，许多表现出精神分裂症缺陷的人都缺乏与其他同伴形成紧密关系的社会动机(Andreasen et al.，1995；Glynn 1998)。另外，由于惧怕公众污名的消极影响，心理疾病患者为了避免遭遇到歧视，可能会通过隐匿病情或不接受治疗的方式来回避公众污名(李强等，2008)。

2. 自我污名的影响

自我污名可以导致消极的情感反应，最明显的表现是引起低自尊和低自我效能感（Link et al.，2001；Markowitz，1998）。生活在认可公众污名的社会文化中，由于公众污名对自我价值的潜在效应，被污名者会接受、认可污名化的观念，并引发自尊、自我效能感和自信的降低（Corrigan，1998；Holmes & River，1998）。例如，精神病患者经常内化被广泛认可的污名化的思想观念，相信由于精神障碍，自己是没有价值的（Link，1987；Link & Phelan，2001）。Link 等的研究显示，认可并内化公众污名的精神病患者更倾向于报告出低水平自尊和低自我价值感（Link et al.，2001；Ritsher et al.，2003）。除此以外，自我污名还对精神病患者心理幸福感的各项指标产生了消极影响，即使在经过治疗获得康复之后，这些消极效应依然存在（Link et al.，1997）。

最后，自我污名也影响了个体的生活目标和行为动机。心理健康服务相关污名的研究表明，由于自我污名，被污名者很可能会中止已经证明有效的治疗或服务（Fenton et al.，1997；Sirey et al.，2001a；Sirey et al.，2001b）。自我污名也可以干扰对诸如独立生活和获得竞争性工作等目标的追求。例如，Link 等的一项经典研究发现，由于自我污名导致自我效能感消失的个体，更不愿意寻求受到雇用和独立生活的机会（Link，1982）。在这个研究中，精神病被试认可了公众污名，并且相信自己不能在（康复）机构以外的地方工作或生活（Link，1982）。很明显，自我污名影响了被污名群体成员的生活目标和生活质量。

四、公众对被污名者的态度研究

（一）对被污名者的外显态度与内隐态度

研究者认为人类的态度系统由外显态度和内隐态度组成（Greenwald et al.，2002），外显态度是人们能够意识到的并受意识控制的价值体系，而内隐态度则是不受意识控制，更能反映人们意识控制之外的真实想法（Greenwald & Banaji，1995）。虽然同属于态度范畴，但越来越多的研究证实外显态度和内隐态度是两个相互独立的系统，分别代表着人们不同的心理过程，反映着不同的态度倾向。尽管许多研究通过自我报告的方法探讨了一般公众对污名群体的外显态度（Day et al.，2007；Kalichman et al.，2005），但是缺乏系统的实验研究探索公众对污名群体的内隐态度。研究发现，尽管在外显态度的报告中对某些污名群体不存在偏见，但是在内隐态度的测量中却反映出了人们对于该群体的消极态度和信念（Greenwald et al.，2002；Nosek et al.，2002）。例如，Bessenoff和Sherman（2000）用词汇决策任务的方法测量了被试对肥胖女性的外显态度和内隐态度，结果表明，内隐反对肥胖的评价预测了被试选择坐在肥胖女性边上的距离，然而外显的态度却不能预测这一行为。Teachman 等用自我报告和内隐联想测验的方法测量一个大学生群体（研究 1），并同时测量精神病群体和正常人口群体（研究 2）对精神病和普通的身体疾病的外显态度和内隐态度。结果表明，正常人样本对于精神病患者有着"无助的"和"值得责备的"消极的内隐态度和信念；更有趣的是，精神病患者也有着精神病患者是"无助的"消极内隐态度和偏见，但精神病患者很少将自己和精神病相联系。Teachman 等推测，出现这一结果可能包含着 3 种原因：首先，是由于为了早日恢复健康，精神病患者必须使自己远离他们精神病的标签；其次，可能是精神病患者将自己和医院中的其他患者比较，认为自己的疾病比较轻；最后，可能是由于与身体疾病比较的情境造成的，媒体宣传认为精神病是由于生理的原因引起的，可以使精神病患者认为他们的精神病和生理疾病是一样的（Teachman et al.，2006）。

总之，以往的研究足以表明，人们对污名群体存在着两种完全不同的态度倾向。当关注能否受到社会赞可、掩饰真实想法或真实想法存在于意识控制之外的心理系统时，个体对某类污名群体的内隐态度和外显态度就会出现分离，表现出完全不同的态度倾向（Teachman et al.，2006）。因此，要完整地阐述对某个群体的态度倾向时，除了关注被试自我报告的外显态度之外，更需要关注不受意识控制的更能反映人们真实想法的内隐态度。

（二）对污名反应过程的研究

在现代社会，回避是人们对污名的一个即刻反应。身体的接触或者接近被污名者似乎都能导致某些形式的污染。尽管如此，人们对被污名者的反应不一定都是消极的，甚至在某种条件下，人们对污名的反应比非污名还积极。这一有趣的现象受到了许多研究者的关注。

有研究表明，人们对残疾人同时存在着积极的和消极的反应。当要求教坐在轮椅上的人如何折纸的时候，个体表现出两种不同的行为模式：在口语报告中，他们对残疾人印象是非常积极的，然而实际上却表现出了很多的焦虑和回避行为。Hebl 认为言语是控制过程的产物，反映着人们有意识的一种善良的反应形式；非言语行为是自动化的，反映了一个潜在的对污名个体的消极情感状态（Hebl & Kleck，2000）。

在大量社会认知现象中，都存在两个心理过程。Pryor 等认为人们对污名的反应，包括反射（reflexive）过程和规则（rule-based）控制过程。反射过程既包含了本能的反应，也包含在后天学习中获得的自发反应；规则控制的过程包含着反思或沉思的反应。人们思考他们是否要避免一个被污名个体时，如果反射系统已经产生了一些对污名即时的情绪反应，他们随后将思考情绪的适宜性，最终的反应将受到规则控制过程的调节（Pryor et al.，2004）。

Pryor 等的研究结果支持了这一模型的预测。在实验中，首先使被试相信将要有一个“信任散步”的活动，在这个活动中很可能要和被污名的人有一些身体上的接触。然后要求被试在一个计算机屏幕上将自己的照片与有简要介绍的被污名者的照片移动到一个合适的位置，来表明被试对这些人的感觉。每隔 500ms 计算机自动记录被试照片与刺激照片之间的距离。结果表明，在时间维度上厌恶性和回避在最初的 3 秒关系最强，随后被试没有偏见反应的动机使他们与被污名者离得更近。这一结果支持了反射 / 规则控制过程模型预测（Pryor et al.，2004）。总之，在对被污名者进行反应时，人们存在着两种过程：一种是无意识的或者说受意识控制较弱的；另一种是受意识控制的。在与污名者接触的最初阶段，无意识的过程使被试产生本能的回避反应，随后为了表现得没有偏见，意识控制的过程开始调解反应，减弱回避反应的倾向。

五、污名应对及隐匿污名的相关研究

（一）污名应对的相关研究

以往污名效应的研究并没有得到一致的结论。有的研究表明，污名对被污名者没有造成消极影响（Crocker & Major，1989），也有研究发现，污名给被污名者的生活机遇和身心健康带来了显著的消极后果（Flack et al.，1995）。很明显，这些研究强调了在暴露于环境压力源和某些消极后果之间并不存在着一一对应关系的事实：一些污名群体感觉很好的同时，也有污名群体感觉很差；同一群体中某些个体感觉相当良好，另一些人却感觉很失落和自卑。因此，由于一个人具有污名特征就推断其必然遭遇情绪沮丧和幸福感缺失是不合理的。有大量的群体内变量影响着污名对个体的效应，其中最主要的一个变量就是个体对污名的应对反应。杨柳和刘力系统地梳理了污名应对研究的发展脉络和相关的理论取向，并在他们的文献回顾中分析了这些研究的优缺点，提出了该领域的发展趋势（杨柳和刘力，2008）。Miller 等则主要回顾了被污名者经常使用的一些污名应对策略。Miller 等以压力-应对理论框架为基础，组织回顾了以往关于污名应对策略的相关研究。在他们的文章中，污名应对策略被分为了两大类：问题聚焦的污名应对（problem-focused coping with stigma）和情感聚焦的污名应对（emotion-focused coping with stigma）。问题聚焦的策略是指被污名者尝试间接或直接地改变自己与环境之间的关系，以减弱可能体验到的污名相关的消极后果，包括消除污名特征（如减肥）、隐匿污名、补偿社交情境中污名产生的问题（如敏感地觉察并适应交往伙伴的情感和动机）、回避可能存在偏见的社交场合、教育和说服等；情感聚焦的污名应对策略是用来调节与压力源相关的情绪或情感，包括向下比较（与自己相似或比自己差的人相比）、将消极事件归因于歧视、否认遭遇到歧视和重新建构自我概念等（Miller & Major，2000）。为了避免遭遇歧视和偏见，在找到最佳的应对策略之前，个体会在陌生的社交情境中尽最大的努力隐匿自身的污名特征（Quinn，2006）。因此，隐匿污名身份特征是某些污名群体最容易想到和使用最多的应对策略之一。

（二）隐匿污名的相关研究

经过多年的发展，污名领域的研究已经在广度和深度上得到了极大拓展。基于 Goffman 关于污名的定义，Crocker 等又进一步提出了可隐匿污名的概念。他们认为可隐匿污名身份是一种可以隐藏，使其不被外人发现，但会带来社会贬损效应的污名身份（Crocker et al.，1998）。可隐匿污名是根据污名特征是否可以隐匿这一视角提出的，它是与可见污名相对应的一个概念。在起源上，可隐匿污名与可见污名一样源自于人们对差异特质进行区分、贴标签以产生刻板印象，并在主流文化中被歧视对待，以及人们（包括一般人群和被污名者本身）

的观念中对可隐匿污名的赞同和认可这些过程；在结果上，可隐匿污名在暴露之后同样能引起社会歧视，比如身份地位、工作机会、薪酬以及社交圈的减少或丧失。而与可见污名不同的是，在揭示之前外人是不知道个体持有的可隐匿污名特征的，只有污名持有者自己知道。因此，为了避免遭到歧视和排斥，获得他人的认可并维护自尊，具有可隐匿污名特征的个体在日常生活中常常选择隐匿自身的污名身份，以一个正常人的身份与其他人交往和接触。

在以往的研究中，可见污名特征通常包括肥胖（Roehling et al.，2007）、少数民族身份（Dean et al.，2008；Strauss，2011）、女性身份（Brown & Pinel，2003）等；而可隐匿污名特征则包括精神病（Corrigan et al.，2004；Kroska & Harkness，2011；Wheat et al.，2010）、同性恋的性取向（Everly et al.，2011；Hatzenbuehler，2009；Kroska & Harkness，2011）、艾滋病（Greene，2003；Steward et al.，2008）、贫穷（Garcia et al.，2007）以及儿童期遭遇的性侵犯和性虐待（Hunter，2011；Paine & Hansen，2002；Staller & Nelson-Gardell，2005）等。

可见污名与可隐匿污名的划分，对全面和深入理解污名的心理行为效应及其机制具有重要的意义。由于具有一个独特的揭露前（隐匿）过程，可隐匿污名比可见污名更加复杂，它使被污名者在认知、情感和行为方面都面临巨大的挑战。大量研究表明，隐匿污名身份会给个体带来更多的麻烦，如在人际交往中，隐匿污名者可能会因害怕暴露身份而调用更多的心理资源持续监控交往的进程，并承受更多的思想负担和心理压力（Everly et al.，2011）。因此，基于与可见污名的差异，研究者普遍认为有必要将可隐匿污名从污名研究中分离出来，建立独特的模型和理论体系，并为减少（或消除）这类群体的污名效应寻求有效的干预方法（Pachankis，2007）。

1. 可隐匿污名效应的机制

（1）与隐匿过程相关的认知行为理论

这类理论主要强调个体隐匿污名身份时所伴随的心理过程以及心理行为的变化，主要包括策略知觉管理理论（strategic perception management theory）、秘密的认知理论（cognitive theories of secrecy）以及污名的隐匿-痛苦模型（hidden-distress model of stigma）。

A. 策略知觉管理理论

Olney 和 Brockelman（2003）提出的策略知觉管理理论主要强调个体背负可隐匿污名时产生的心理体验。研究者认为持有可隐匿污名身份的个体会在与他人的交往中（尤其对象是他所感知的非污名群体）建立一系列策略，以主动控制这个交往过程的发展方向，防止被他人察觉他们的污名身份。因此，持有可隐匿污名身份的个体在交往中会表现出一个积极活跃的角色，更加关注与自己污名身份相关的信息和线索，引导交往活动朝向与暴露污名身份相反的方向进行，从而使自己的身份不被他人察觉（Olney & Brockelman，2003）。策略知觉管理理论在残疾大学生的研究中得到了支持。Olney 和 Brockelman（2003）在对可隐匿残疾特征的大学生进行系统研究后认为，残疾大学生在社交活动中会形成一些交往技能和策略，以保持他们残疾情况的隐秘性，比如，否认和假装，即使他们像正常人一样；或者在外人面前努力建立起一个复杂多面的形象，避免印证世俗对他们的刻板印象。该理论不仅强调了持有可隐匿污名身份的个体为了保持他们身份的可隐匿性所使用的行为策略，更为重要的是，它从另一个角度向人们阐释了可隐匿污名个体在社交活动中所表现出的积极主动的角色，而不只是被动地防止被人发现。

B. 秘密的认知理论

虽然隐匿污名身份可以防止社会歧视等不良后果的发生，但秘密的认知理论强调隐藏自己的真实情况也会使个体承受较大的心理压力（Lane & Wegner，1995；Smart & Wegner，2000）。基于此，Wegner 等建立了秘密的贯注模型（the preoccupation model of secrecy），来理解隐匿污名对个体心理认知过程的影响。该模型认为保守秘密会引发一系列认知过程，而这些过程带来的结果就是大脑强迫性地被与秘密相关的思想所占据。

这个认知过程包括以下几个阶段：①压抑与秘密相关的思想；②思想压抑进一步引起相关想法的闯入；③因闯入而付出更多的努力压抑思想；④第二步与第三步不断循环，相互引发，如图 1-4 所示。该理论的前提假设是人们选择压抑的方式处理秘密。对于持有可隐匿污名身份的个体来说，隐藏身份是普遍的策略。但当人们越刻意表现得像其他人一样，越试图压抑相关想法的时候，这些思想就会越显著，因为刻意压抑的前提是使它们进入意识层面，所以人们越是努力将它向内心深处隐匿，它的可获得性就越强，反弹得就越高。秘密的贯注模型使人们意识到，刻意压抑秘密会对个体的生活和工作产生重要影响，因为这种贯注本身是有问题的，它会影响人们的判断和行为，通过各种方式给个体带来心理负担，从而损害被污名群体的身心健康（Maas et al.，2012；Smart & Wegner，2000；Wismeijer，2011）。该模型得到了很多研究的支持，如 Wheat 等的研究发现，有精神病史的个体在重要的场合，比如，在工作面试时会因隐匿自己的疾病史而受到思想贯注与闯入的影响，报告更多的心理压力（Wheat et al.，2010）。

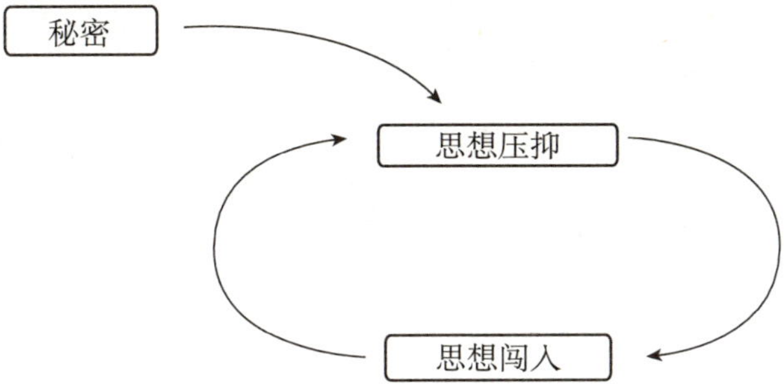

图 1-4　秘密的贯注模型
（Lane&Wegner,1995）

C. 污名的隐匿–痛苦模型

Scambler（1986）根据对癫痫病的研究提出了污名的隐匿–痛苦模型，该模型将污名分为了实际污名（enacted stigma）与感知污名（felt stigma）两种。Scambler 认为实际污名是个体在人际交往过程中因为自身的污名身份而遭到的歧视、敌意的体验；而感知污名是个体内部的污名体验，是由于个体对社会环境的知觉而在内心形成的对自己的污名化态度，它是个体行为活动的基础，个体可能会为了防止产生实际污名而采取各种保护性行为，比如，假装像常人一样活动，如果伪装成功，则将降低个体感受实际污名的可能性，但研究者认为这种刻意的假装会打乱个体原来的生活，并产生一定的心理压力（Scambler & Hopkins，1986）。

该理论被应用于众多研究，比如，Jacoby 等（2005）的研究指出，在发达国家有 50% 以上的癫痫患者报告有感知污名体验，而报告有实际污名体验的却较少，但在发展中国家，实际污名的体验则多于感知污名。此外，还有学者认为，引起与癫痫相关的感知污名的因素可以包括对癫痫病的误解、诊断前的发作经历（Paschal et al.，2005）以及癫痫发作的不确定性（Morrell，2002）等，这些因素最终共同作用导致癫痫患者社交活动的减少。此外，Steward 等在关于艾滋病污名的研究中，根据 Scambler 的隐匿－痛苦模型进一步拓展出了艾滋病污名影响的理论框架，将污名分为人际污名与个体内污名两种，人际污名包括实际污名（enacted stigma）与间接污名（vicarious stigma），个体内污名包括感知污名（felt stigma）与自我污名（self stigma），他们认为这 4 种污名会共同作用于个体，最终导致个体对艾滋病情况的隐瞒行为，并使个体产生压力与心理负担（Steward et al.，2008）。

（2）与揭露决策相关的理论

这类理论模型强调与揭露决策相关的认知行为选择过程，阐释了可隐匿污名持有者做出揭露决定的原因、方式和影响因素等问题。主要包括沟通隐私管理理论（Petronio，2002）和揭露过程模型（Chaudoir & Fisher，2010）。

A. 沟通隐私管理理论

沟通隐私管理理论（communication privacy management theory，CPM）侧重对揭露和隐匿两者关系的阐述，它既包括个体隐匿污名身份时所面对的生理心理问题和行为控制过程，也包括揭露后所面对的边界管理等问题（Petronio，2002）。Petronio 将揭露和隐匿看成两个相互独立的内容，她认为在揭露和隐匿之间存在着一个边界，人们通过对边界制定规则进行控制来实现隐私信息的管理。该理论主要包括以下几个观点。

第一，个体通过揭露私有信息实现边界管理。CPM 理论强调，自我揭露不只是为了建立亲密关系，其动机可以是多重的，比如，缓解内心压力，获得控制感或享受自我表达等。

第二，个体在自己的隐私边界内掌控着自己的隐私信息。信息开放程度越高，人的控制力越低。重要的是她认为隐私边界可以随着人的生命而不断发展和变化，人们可以不断加强隐私边界来保护自己，也可以不断弱化边界以获取与他人的亲密关系。

第三，个体通过建立隐私规则管理和控制自己的信息。当原有的规则不再起作用时，个体则会调整规则以适应变化，直至最后改变原有规则建立新的规则。个体通过向他人揭露自己的隐私，将他人纳入自己的隐私边界内，他们共同拥有和管理这些隐私，并协商该用哪些规则管理这些信息。有时规则会被共同遵守；但有时也会因各种原因，比如共有者中有人背信弃义，而使规则失效产生边界动荡。

沟通隐私管理理论自提出以来应用很广泛。Petronio 将该理论用来指导家庭隐私的管理，为更好地理解家庭内部（父母与孩子之间的互动）或者对外（家人与朋友、同事、亲戚之间）如何处理像离婚、艾滋病、抱养等隐私问题提供了有效的理论框架（Petronio，2010；Petronio & Caughlin，2006）。此外，研究者还将此理论用于解释遭受性侵儿童的隐私管理过程，他们认为受害儿童会通过评估拟揭露对象的信任度、责任心等特点，以及估计可能获得的反应来制定隐私管理规则，通过分析接受到的支持性信息，进一步选择合适的环境和揭露对象（Staller & Nelson-Gardell，2005）。

B. 揭露过程模型

Chaudoir 等（2010）提出的揭露过程模型（disclosure process model，DPM）解答了何时揭露污名身份会对个体有利以及为什么揭露的问题。DPM 在探究揭露过程时，主要研究了 5 个方面的影响，分别是前期目标、揭露事件本身、调节过程、结果和反馈环路。Chaudoir 和 Fisher 认为，影响可隐匿污名身份持有者作出揭露决定的因素主要是前期目标的性质。个体的前期目标可以是趋向型的，即个体作出揭露决定是为了追求他人的理解，追求人际关系的增强或者为了对他人起到教育作用，对亲密、接纳等积极线索进行搜索和注意，并在情感上对未来充满希望。同时，目标也可以是拒绝型的，即个体作出揭露决定只是为了避免遭到社会拒绝和冲突，在行动中更加注意社会冷漠等消极线索，并由此形成焦虑等消极情感基调（Chaudoir & Fisher，2010）。

这两种不同的目标影响了个体的揭露行为，并形成独特的揭露事件。该事件具体包括揭露的内容、深度、广度、揭露持续的时间、情绪以及当下朋友的反应倾向等。这些事件在受到社会支持、社会信息的变化以及心理压力的释放等因素的进一步调节后，最终会对个体的身心健康、人际交往的亲密性、信任度、喜欢程度甚至对社会环境产生长期影响，并反馈于个体的目标系统中，形成一个螺旋状循环。即如果个体最初的目标是趋向型的，揭露的深度、广度等方面都符合当时情况的要求，并在揭露后获得了朋友的支持，那么个体将感受到社会支持性的增强，社会信息的更开放以及更强的包容度，同时个体在心理、行为、健康上都将获得良好的提升，与他人互动的亲密性也增加。最后，这些效应将反馈于个体的目标系统中进行更好的整合与提升，由此形成一个向上的螺旋，使个体走出自己的小圈子，更好地融入社会，与他人交往。反之，则会形成一个向下的循环，使个体将自己包裹得更加严实，与社会更加疏远。该模型的具体内容如图 1-5 所示。

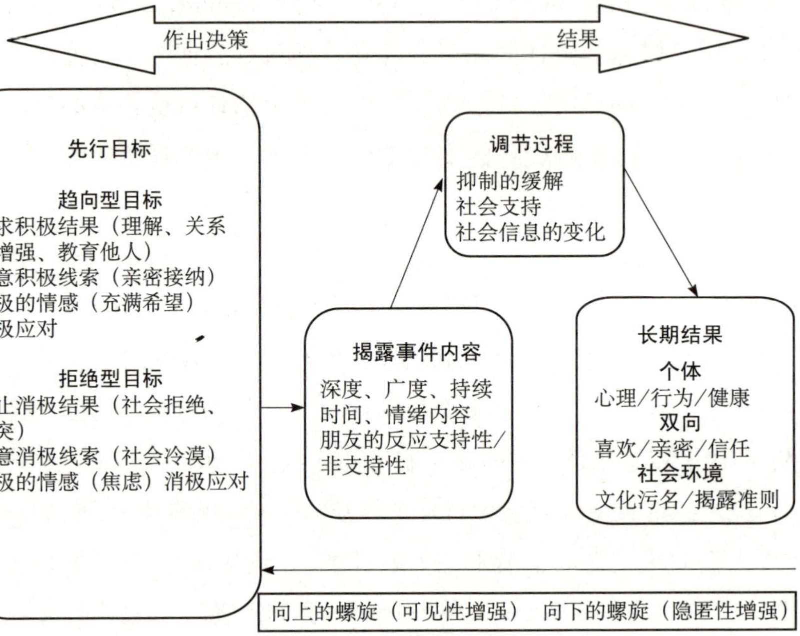

图 1-5 揭露过程模型

（Chaudoir & Fisher，2010）

（3）综合理论模型

综合理论模型更侧重于从整体的角度阐释隐匿污名的心理行为效应以及它的作用机制，其中以隐匿污名的认知–情感–行为模型（cognitive-affective-behavioral Model）（Pachankis，2007）最具代表性。认知–情感–行为模型概括起来可以分为两大部分：一部分是认知、情感、行为的表达；另一部分是个体内部的评价过程与外部情境因素的影响过程，这两大部分 5 小部分共同构成了一个循环，不断影响着个体与环境的互动。

情境因素既可以影响个体的认知与情感表达，也可以被后续的行为表达与自我评价所影响。情境因素包括个体所持污名在社会中的显著性、可能被社会他人发现的威胁和可能产生的结果，它会使个体在认知表达上更加警觉，保持高度的警惕，并集中注意于与污名有关的线索；也可能使个体产生如焦虑、抑郁、内疚、堕落等消极情感，从而进一步影响个体对自己的印象管理过程（如可能使个体产生回避或选择性的揭露行为），最终削弱人际关系，导致不良后果的发生（Pachankis，2007）。

在认知 – 情感 – 行为的表达过程中，认知与情感的表达是可以互相作用的，比如注意、警觉等认知过程可以导致情绪情感上的焦虑或内疚，而这些负性情绪又会反作用于认知过程。同时，认知与情感表达都会对后续的行为表达产生影响。此外，个体消极的行为结果还会对自我评价产生影响，具体包括身份认同模糊、消极的自我概念或者自我效能的降低等。而自我评价（如缺少基于群体自我保护的归因、自我效能的降低）又会进一步作用于情境，改变社会情境中相关污名的显著性，或者像自我实现预言（self-fulfilling prophecy）一样导致也许本可能不发生的消极结果。同时，自我评价还可以广泛地作用于认知、情感与行为表达这 3 个过程，并会反向被认知表达、情感表达、行为表达所影响。该过程如图 1-6 所示（Pachankis，2007）。

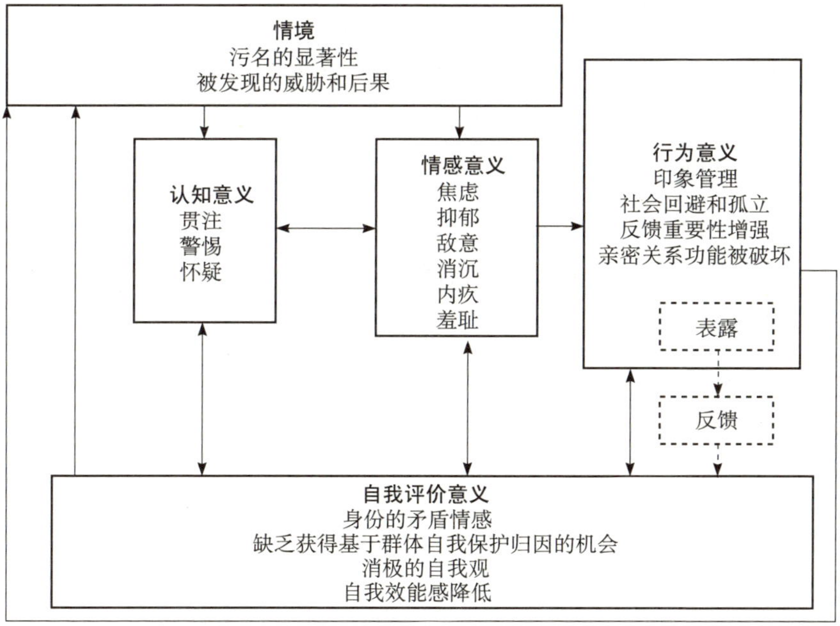

图 1-6　隐匿污名心理意义的过程模型

2. 隐匿污名的心理效应

由于不同于可见污名给个体所带来的直接、确定的影响或效应，具有可隐匿污名的个体在独特的隐匿阶段（揭露前）可能会多承受一段时间的心理损耗。具体来说，隐匿污名的心理效应大致可以分为短时效应和长时效应两类。

（1）短时效应

首先，是对情绪的影响。很多研究都表明，隐匿污名会使个体产生心理痛苦（psychological distress）。比如，一项关于某种性传染病对美国人心理影响的研究发现，患者的短时情绪反应往往是对确诊信息感到惊讶，困惑为何会染病，并且会因害怕在今后的生活中遭到伴侣拒绝而感到悲伤、痛苦或失望（Melville et al.，2003），又如，在 Quinn 等的研究中，由于受到 4 种因素的影响作用（具体包括预期污名、污名身份中心性、身份显著性以及污名属性），可隐匿污名个体比他人报告出更高的抑郁和焦虑水平（Quinn & Chaudior，2009）。此外，在情绪方面，可隐匿污名个体还可能会产生敌意、羞愧（Pachankis，2007）、压力感（Rostosky et al.，2007）以及绝望等不良情绪。比如，对同性恋及双性恋的研究指出，不论是因为少数群体的压力还是一般认知过程中危险因子的作用，这类群体都比其他人报告了更多不良结果，如更多与污名相关的压力，更高水平的情绪调节异常等（Hatzenbuehler，2009；Meyer，2003；Rostosky et al.，2007）。

其次，是对认知的影响。无论是从秘密的认知理论还是从隐匿污名的认知－情感－行为模型中，我们都可以看出隐匿污名身份对个体认知层面的影响。个体越是想保守秘密，他就会越压抑那些与污名相关的想法，结果则导致该想法的不断溢出，并且认知负荷也会随着循环越来越重（Smart & Wegner，2000）。此外，由于个体生活在社会情境中，在受到间接污名或是有可能被发现的威胁影响时，也会产生一系列的认知－情感－行为反应，在认知层面则会比常人表现出更多的思维贯注、警觉、怀疑或是觉察性增高的表现（Pachankis，2007）。

再次，是对自我概念的影响。主要包括对自尊（self-esteem）和自我表达（self-representation）两个不同方面的影响。有很多研究都表明，污名可以降低个体的自尊水平，产生消极的自我观念。比如，Allport（1954）在关于美国黑人遭受的种族歧视对自我观念影响的研究中指出，由于社会情境和反射性评价的作用，经历种族歧视的黑人往往拥有更坏的自我观念。然而，在 Crocker（1991）

等的进一步研究中，他们认为污名对个体自尊的影响会因自我归因的不同而不同，只有当个体将不好的经历归因为自身的时候，他们的自尊水平才会有所下降，但同时归因于自身反过来会提高个体对情形的控制感；相反，如果当个体将不公平经历归于歧视或偏见时，个体的自尊则得到了保护，但相应的控制感则会降低。尽管前人的研究对象是笼统的污名而非可隐匿污名，但随着研究对象越来越细分，已有越来越多的学者在研究可隐匿污名对个体自我概念的影响。Pachankis（2007）的隐匿污名的认知情感行为模型指出，个体隐匿自身的污名情况会带来一系列认知、情感上的不良变化，这些都能导致消极的自我观念和自尊水平的降低。此外，从对同性恋的研究中也可以看出，由于隐瞒过程的压抑，个体需要通过揭露自己的身份来提高自身的自尊水平。但也有研究者在青少年隐匿消极学业成绩对自我概念的影响研究中发现，学业成绩偏低的学生在隐匿自身成绩的情境下，往往比对照组报告出了更高的短时自尊水平，同时也压抑了更多的消极自我表征（Zhang et al.，2011）。

最后，是对社交行为的影响。隐匿自身的污名情况往往会使个体在社交行为上表现出更多的担心和抑制。比如，有研究发现，学业成绩差的青少年更容易受到情境线索的影响，去管理和控制自己的行为（Zhang et al.，2010）；在性传染病污名方面，对社交行为的影响可以表现为过度担心是否该告诉他人，懊恼或对自己无意中使他人受牵连而感到内疚（Melville et al.，2003）；在社会阶层的污名方面，低社会阶层的人在觉察到自己的交往对象是高阶层的人之后，往往会表现出更多的抑制行为，但这种情况会在同处于异国他乡（即共享少数民族身份）时得到改善（Garcia et al.，2007）。此外，这种消极作用甚至还会影响到同伴的行为表现，Everly 等（2011）在关于同性恋的身份模糊性对同伴行为表现的影响研究中发现，当同性恋个体隐匿自己的身份使之模糊不清时，共事的同伴则可能会因猜测而引起更多的心理消耗，并最终抑制同伴的行为表现。

（2）长时效应

首先，是对健康的影响。隐匿污名信息会使个体产生一定的心理和生理问题，比如抑郁、焦虑、严重的精神问题（Meyer，2003）以及高血压等心身疾病。研究表明，尽管同性恋者在自陈报告中隐匿或压抑了自己与污名威胁相关的紧张和焦虑，但研究者通过仪器测量发现，由于内心焦虑的作用，他们的血压水平要高于正常人（Bosson et al.，2004）。此外，与持有可见污名身份的个体相比，隐匿污名的个体还知觉到了更多的疾病症状（Quinn & Chaudior，2009）和报告出了更低水平的对疼痛的忍耐力（即更容易报告出敏锐的、长期的疼痛感）（Uysal & Lu，2011）。

其次，是对幸福感的影响。众多研究表明，隐匿污名可以降低自身的幸福感（Pachankis，2007；Moses，2010；Chaudoir & Fisher，2010；Uysal et al.，2010；Uysal & Lu，2011）。原因是个体在隐匿自身的污名情况中，往往会经历一系列的认知负荷、负性情感以及行为退缩等消极体验，而获得幸福感必须要能体验到快乐的情绪，同时保持较低水平的消极体验以及较高水平的生活满意度，这三者缺一不可（任俊，2006）。

最后，可隐匿污名还可以使个体产生长期不良的心理社会结果。Melville 等（2003）的研究发现，患有性传播疾病的个体会对未来产生更多的担心，比如对于未来与他人关系建立的犹豫、退缩或者恐惧，以及害怕自身病情对新生儿会有不良影响等，这一情况也同样适用于艾滋病、精神疾病等具有传播性疾病的人群。

3. 揭露污名的影响因素及效应

随着研究的细分和深入，学者们在研究了隐匿污名带给个体的影响和效应之后，已越来越关注与隐匿污名紧密相关的另一个方面——揭露污名对个体的影响。研究者在这部分的研究中也已取得了巨大的突破和丰硕的成果，既揭示了揭露污名对个体的重要影响，也指出了未来研究的大方向。

（1）影响揭露的因素

A. 社会情境知觉

无论在何种情况下，个体都会对所处的环境进行知觉。而对所处社会情境的知觉方式是影响可隐匿污名个体作出揭示决策的重要因素，具体来说包括以下几个方面。

首先，对所处情境氛围支持性的知觉是影响揭露行为的一个重要因素之一。许多研究表明，知觉到他人的支持可以明显促进个体的揭露行为（Bussey & Grimbeek，1995；Hershkowitz et al.，2007；Hunter，2011；Paine & Hansen，

2002）。例如，在对性侵儿童的研究中，养育者为支持性的儿童的揭露率（63%）比养育者为非支持性的（17%）高出了3.5倍（Paine & Hansen，2002）。

其次，对自身持有的可隐匿污名身份集体表征的知觉也可以影响个体的揭露行为。具体来说，对集体表征的知觉是可隐匿污名个体对他人如何看待自己所持的身份特征的一种感知和理解（Major & O'Brien，2005），个体可以从平时生活的细节之处感知到他人在涉及自己污名身份时的态度和观点，并因此影响到个体后续与揭露相关的认知评价、情感反应以及行为反应等过程。

最后，对社会歧视的知觉（工作中的组织规定、政策、媒体暴露信息及态度等）是影响揭露行为的另一因素。对社会歧视的知觉与集体表征的知觉类似，但不同之处是社会歧视是更加宏观的，它存在于组织层面，包括有意歧视和无意歧视两种（Corrigan et al.，2004）。有意歧视包括规则、法律以及新闻媒体等对相关污名群体的限制与偏见性态度；而无意歧视是指社会组织或机构表面上对污名个体并没有有意的偏见或歧视，但通过社会的某些"看似正常"的规则或契约确实导致了相关个体应有的机会被剥夺（Link & Phelan，2001）。在社会情境中能否知觉到这些歧视的存在，也会影响到可隐匿污名个体对下一步行为的选择，即是保护性地继续隐匿污名或是释放压力性地揭露污名身份。

B. 情感反应

可隐匿污名个体在揭露污名前，受认知、行为与社会情境等的影响，可能会产生焦虑、沮丧、敌意、堕落、内疚、羞耻、恐惧等情感反应。而这些情感又能反向影响个体的认知评价与后续的行为过程。Bosson等（2004）认为持有可隐匿污名的个体既可能因情境与认知评价的影响产生焦虑、抑郁等负性情绪，也可能因不断的努力压抑内心的污名想法导致心理负荷过大而产生焦虑、沮丧等情感，还可能因焦虑的作用改变认知评价而使无意识的行为表现更糟糕。这些负性的情感可能使个体内心的压力越来越大，最终导致个体为了缓解压力、提高自我效能感或幸福感而选择揭露自身污名特征的行为。

C. 需要/动机

在揭露污名特征之前，个体的需要和动机会影响个体的揭露行为选择。研究显示，持有可隐匿污名的个体有揭露污名特征的需要。比如，Cain（1991）在关于男同性恋的研究中认为，揭露行为至少可以满足增强自尊、增进亲密关系、解决人际问题、避免出现更糟的结果、减少偏见（Corrigan & Matthews，2003）等需要中的一个。同时，持有可隐匿污名的个体也有选择保密的需要，比如，保护重要他人免受情感或生理上的伤害（Paine & Hansen，2002），使他人免于痛苦，或因特定情境不适合自我揭露（Petrak et al.，2001）以及保护自己免受他人歧视，留住工作或机会等。

然而，当需要产生后，动机也就随之形成，根据 Chaudoir 和 Quinn（2010）的研究，揭露的动机可以分为自我系统的动机和生态系统的动机两种。自我系统的动机强调个体的行为只是为了获得自己期望的结果，避开对自己有伤害的结果；而生态系统的动机则强调个体在行动前，同时考虑揭露行为会如何影响自己和他人（揭露对象）。相比较之下，他们发现具有生态系统动机的个体在第一次揭露后往往会获得积极的揭露体验，这种经历会降低个体对揭露的恐惧，提高心理幸福感（Chaudoir & Quinn，2010），进而使个体产生后续更加公开性的揭露行为。

D. 对污名的敏感性

污名敏感性与需要/动机协同作用于个体，对可隐匿污名个体的揭露行为倾向起调节作用。因此，对污名的敏感性也是影响个体揭露行为倾向的重要因素之一。

污名的敏感性是指在同一类污名群体里，个体之间表现出的与刻板印象威胁相关的长期性的自我意识层面的差异（Pinel，1999）。研究表明，个体对污名的敏感性会影响后续的心理效应以及行为决策过程。例如，Brown 等的研究显示，污名敏感性高的妇女在数学测验上的成绩显著低于污名敏感性低的（Brown & Pinel，2003）；对于情感性精神疾病患者来说，污名的敏感性越高，在行为应对上采取逃避和隐藏的比率越高（Kroska & Harkness，2011），但 Kroska 和 Harkness 同时也指出，以上研究发现的规律并不适用于适应性障碍和精神分裂症的患者。

（2）揭露污名的效应

A. 短时效应

揭露污名对个体有着重要的意义，会产生一系列短时效应，主要包括个人身心状态的改变、与他人关系的改变和社会情境的改变等。

首先，在对个人身心状态的效应方面，揭露污名对个体的心理、生理和行为等方面都有着广泛的影响。例如，在心理方面可以表现为自尊的提升或降低、压力的变化、负性情绪的波动以及幸福感的获得等；在行为上可以表现为危险性行为或积极行为的可能性的变化（Corrigan & Matthews，2003）；而在生理上可以改变个体的健康水平等（Chaudoir & Fisher，2010）。

其次，揭露污名可以影响个体的人际关系。这些效应主要体现在两个方面：一是支持性方面，可以表现为亲密感的增强、获得信任、人际问题的解决、获得安慰和同情等（Chaudoir & Fisher，2010）；二是体现在非支持方面，表现为不被他人相信、被他人拒绝、疏离感的增强以及遭遇背叛等（Corrigan & Matthews，2003；Hunter，2011）。

最后，揭露污名也会带来一定的社会效应。一方面，个体可能通过揭露使社会意识到特殊群体的存在，从而通过教育或接触等方式减少文化耻辱感或者降低社会污名，提升污名群体及其成员的社会地位；当然，另一方面，个体也可能通过自我暴露而遭受更多的社会歧视和孤立（Chaudoir & Fisher，2010；Corrigan & Matthews，2003）。

B. 长时效应

除了短时效应，揭露污名还会对个体产生一定的长期影响，这些影响集中体现在以下几个方面。

首先，对后续揭露行为的影响。揭露污名既是一个阶段的结果，又是下一次揭露的预备。一旦持有可隐匿污名身份的个体发生初次揭露事件后，不论他所获得的揭露结果是积极的还是消极的，这些都将作为第一次揭露经历深深影响着他未来的揭露历程和后续的揭露选择（Ahrens，2006；Chaudoir & Fisher，2010）。揭露污名会使个体的行为产生明显的变化，其揭露污名的行为倾向将持续终生（Hunter，2011；Staller & Nelson-Gardell，2005）。例如，被性侵儿童在初次揭露后不得不在儿童保护组织、警察局或者咨询室继续经历重复揭露的情况，或者其交际圈从此因为揭露行为而被分割成知情者（圈内）和不知情者（圈外）两种情况。即便在新的环境中，其也不得不继续选择向哪些人揭露而将其纳入圈内或者将哪些人排除在圈外。同时，研究还发现，当个体发现圈内也有与自己经历相似的人时（互相揭露），他们会很快成为挚友，建立一种独特而紧密的关系（Staller & Nelson-Gardell，2005；Hunter，2011）。另外，"重复"揭露的行为还会随着个体的生命进程而发展和前进，面对环境的不断变化，个体需要不断平衡圈内、圈外的关系，经历一次又一次的揭露前、揭露/隐瞒、揭露后阶段。同时，由于个体始终处于社会大环境下，社会信息的变化和对社会支持性的知觉也会共同作用于个体，不断影响他们圈子边界的大小以及边界的清晰度。

其次，在幸福感和健康方面，第一次揭露经历的性质还会影响到个体的主观幸福感。研究表明，第一次揭露经历积极的个体能获得更多的幸福感和较高水平的健康状况（Chaudoir & Quinn，2010）。此外，Chaudior 和 Fisher（2010）建立的揭露过程模型（disclosure procosses model，DPM），也将其看作一个重要的因变量，分析整合了不同的揭露理论，并由此发展出了一些支持性的策略模型，以帮助可隐匿污名个体获得更多幸福感和健康状况的提升。

4. 可隐匿污名的研究趋势

第一，对于可隐匿污名来说，现在的研究还较为分散，很多研究都只是集中在一个特定的对象群体上，比如心理疾病、同性恋、艾滋病这几个领域，并发展出了一些较为有针对性的理论和策略。但对于可隐匿污名这个较抽象和概括的研究对象来说，目前整合性的理论还比较少，因此未来需要更多的学者将与可隐匿污名相关的各个层面的研究结果和理论模型进行进一步的整合，建立更加完善的体系和指导方法。

第二，现在关于可隐匿污名揭露过程的研究还不够深入，未来需要更多的学者关注这一领域，建立更加完善和系统的理论体系。此外，由于有些可隐匿污名还可能会随着污名特征（如某些疾病病情）的变化而发展为可见污名（如艾滋病或精神疾病），因此未来研究需要注意可隐匿污名向可见污名的转化过程，如对具有可转化污名的群体进行追踪研究，对不同阶段的心理行为效应进行进一步探讨，建立动态的转化理论体系，从而发展更具有针对性的支持和干预策略，使理论研究能更加灵活地指导实际生活中遇到的有关污名的各种问题。

第三，在方法学上，可隐匿污名领域的研究还主要是用社会调查和行为实验法，并不能满足揭示可隐匿污名效应更深入机制（如认知神经机制）的需求。

采用这些研究方法所建立的理论机制和效应分析更多是行为层面的，无法深入探讨与可隐匿污名相关的生理机制和效应，因此未来的研究应结合更多前沿的方法技术，从医学、基因、脑科学等角度，更加深入地解释社会问题发生的生理机制以及其所产生的生理效应，将多种方法结合使用，建立更加完善、更全面的理论体系。

第四，从国内现有情况看，大多数研究还是借助于国外学者建立的理论模型，主要集中在综述性的探讨和理论整合上，对于一些比较具体的研究对象关注得还较少。但是随着中国社会的快速发展和变革，很多问题随之产生，比如贫富差距增大导致的社会阶层矛盾，社会生活压力增大导致越来越多的人产生了更复杂的心理问题、留守儿童问题等。研究者更应关注这些根植于中国社会背景下的问题以及本国的研究对象，并在此基础上分析问题的原因和影响，建立有针对性且合适的理论模型和干预策略。

第五，目前，关于可隐匿污名的研究大多还只是横断研究，纵向研究较少。然而，Shelton 等（2010）认为，未来的研究方向应该注重研究社会污名的影响作用，以及该过程是如何随着时间发展变化的。这一观点具有十分重要的理论和实践意义——它为更深入地研究可隐匿污名以及提出更有效的干预方案指明了方向。未来研究应采取纵向设计，重点关注隐匿污名、揭露污名以及揭露污名后等各阶段个体的心理特征及其随着时间发展变化的模式，为人们理解和干预可隐匿污名效应提供新的思路和视角。

第四节 学习不良的相关研究

一、学习不良的界定

学习不良是一个针对异质群体的广义概念，通常指由读、写、计算等能力缺陷而导致的学业困难（Deisinger，2004），并且同时伴随着一系列的心理行为问题。从目前的研究来看，学习不良是伴随个体一生发展的，因此，国内学者认为，与其说学习不良是一个有特殊需要的异质群体，倒不如说是一种心理现象（俞国良，2005）。

学习不良儿童在各个国家都占有一定的比例。据不完全统计，世界范围内有 5% ～ 15% 的学生被诊断为学习不良（Wong，1998），并且在接受特殊教育的对象中，学习不良学生已成为比例最高的群体。20 世纪 90 年代以后，美国每年学习不良儿童的增长率在 17% 或者更高的水平上（Wong，1998）。到 1997 年为止，Oakland 和 Phillips 估计全世界约有 1.5 亿学习不良儿童（张雅明和俞国良，2003）。

学习不良概念最早源于 20 世纪 50 年代末 Thelander 等对轻微脑损伤患者的研究。1963 年，美国特殊教育先驱 Kirk 在芝加哥"知觉障碍儿童"年会上，首次倡议采用"学习不良"这一概念来替换当时描述由于不同原因导致的学习困难的众多称谓。从此，学习不良作为一个独立的研究领域被确定下来。Kirk 等认为，学习不良是指口语、阅读、写作、数学以及其他科目上的落后、障碍或发展迟滞，这可能是由脑功能障碍或情感、行为失调造成的，而不是智力落后、感觉剥夺或文化教育因素的结果。近年来，随着学习不良研究领域的不断丰富和发展，对学习不良的定义也得到了不断的变化和更新。虽然各种学习不良的界定上存在着一定的差异，但是学者们对学习不良形成了以下基本认识：①学习不良是一个集合性概念，包括学业、心理发展等诸方面的落后和困难。从心理学的角度看，它本质上是一种或多种心理过程障碍，主要表现在听、说、读、写、思考、数学计算等学业方面及心理发展方面的落后和困难，这一状况是多种消极因素相互作用的结果。②学习不良儿童属于"异质"群体。这里的"异质"既指与普通儿童相比，学习不良儿童的学业成绩明显落后，有着独特的心理特点，需要特殊的教育和帮助；也指学习不良现象，不论外在特征还是内部原因都是复杂多样的，存在各种亚类型。③学习不良儿童表现出两个方面的特点：一是"学习差"，在某一或某些学科上学业成绩低，或者在学习的某些方面存在困难，这是本质特征；二是伴随着社会性发展不良或心理行为问题。④学习不良是可逆的，依靠合适的教育训练可以加以改变，它与智力落后、感官损伤造成的学习问题有着根本不同。⑤学习不良可以贯穿于人的毕生发展过程中，不仅在儿童中存在，成人学习不良者也同样存在。⑥学习不良是多学科的研究对象，心理学、教育学、神经学、医学等学科应进行跨领域的合作研究（张雅明和俞国良，2003）。

在学习不良的操作定义方面，以往的研究者多采用差异模式来鉴定学习不良，即当个体的实际学业成绩与根据其智力潜能期望达到的学业成绩之间的差异超过一定标准时，就推断其为学习不良（辛自强和俞国良，1999）。尽管差异模式是一种比较常用的鉴定学习不良的方法，但是近年来很多研究者也对差异模式的有效性提出了质疑。有的研究者认为差异模式忽略了能力在不同年龄阶段上的发展和变化（Van den Broeck，2002）；有的研究者指出较高智商的学习不良儿童和较低智商的学习不良儿童，由于采用年级离差可能会产生辨别上的误差（Willson & Reynolds，2002）；最后，对于差异模式中采用智力测验作为客观性的衡量指标也存在着争议（Tanner，2001）。

为了克服差异模式的局限，美国一些研究和专业机构使用反应－干预模式来替代差异模式，对学习不良儿童进行鉴别。在反应－干预模式中，学习不良儿童被定义成对干预没有充分反应的学生（Vaughn & Fuchs，2003）。这一模式的核心观点包括：①学生在正常的教学环境下获得了高质量的教学；②正常的教学环境是研究的基础；③任课教师在学生的课业评价中起积极的作用；④教师完成对其学业和行为的一般筛查；⑤专任教师进行学生成绩的持续监控；⑥这种持续的监控可查明学生的特殊困难；⑦在学习不良儿童学业困难研究的基础上，教师完成对学习不良儿童的学业干预；⑧专任教师使用进展监控数据去确定干预的效果并进行必要的改进。可见，反应－干预模式更加注重的是教学对学生所起的作用，如果学生不能对正常的教学进行反应，那么就可以被认定为是学习不良学生（董妍，2006）。自从2003年以来，许多学者已经建议并支持采用反应－干预模式作为评估和鉴别学习不良学生的方法。

结合国外学习不良的相关研究，我国研究者（俞国良、张雅明、董妍和闫嵘等）的界定方式以及本书的具体情况，我们使用以下3类标准确定学习不良儿童：①学业成绩落后标准，主课平均成绩居全班下第10个百分位（10%）以内；②教师评定标准，根据研究者提供的学习不良儿童心理行为特征，被班主任评定为“学习不良者”；③排除标准，排除智力落后与超常儿童，以及由于情绪障碍、疾病等特殊情况导致的学业成就落后问题。这一定义与俞国良

（2005）、张雅明（2005）、董妍（2006）等的定义基本上是一致的。

另外，需要强调的是，虽然有关学习不良的概念一直存在着争议，但是学习不良的相关研究并没有受到影响。学习不良的研究机构日益增多，研究内容也越来越丰富（董妍，2006）。

二、学习不良及其相关污名

学习成绩是评价学生的一个关键性指标。学习成绩差就意味着脑子笨，记性差，反应慢等。学习不良在某种程度上甚至被看成了一种缺陷。学习不良及其相关的污名对学习不良学生有着明显的影响。

有研究通过对学习不良学生诊断前后的直接比较，检验了学习不良标签对个体的影响。Orenstein 的研究比较了开始没有诊断标签而后来被诊断成学习不良个体两个阶段的生活状况。结果表明，学习不良的诊断标签导致了学习不良个体明显的挫折、害羞、孤独和低自尊等体验（Orenstein，2000）。Hellendoorn 等访谈了 27 个在儿童的时候被诊断成阅读障碍的成人，结果显示，大多数被试报告出了社会和情绪的问题；超过一半的被试认为感觉到了"不同"和有社会接触的困难，并且相信其他人不能理解他们的经历；某些人认为自己的朋友很少，并且"在社交中是尴尬的"（Hellendoorn & Ruijssenaars，2000）。

（一）学习不良学生的同伴关系

在现实的学习和生活中，学习不良学生普遍遭受到了歧视和偏见。许多研究发现，学习不良学生很容易遭到老师和同伴的歧视、拒绝、厌恶和忽视（Greenham，1999；Kuhne & Wiener，2000）。Greenham 的研究显示，有 25% ～ 30% 的学习不良学生在社交中遭到拒绝，相比之下，非学习不良学生遭到拒绝的仅占 8% ～ 16%（Greenham，1999）。俞国良等的研究表明，学习不良学生的同伴接受性较差，同伴都不喜欢和学习不良学生交往（俞国良等，2000）。在社会交往中，学习不良学生会体验到更多的压力，很少得到同伴的支持（Wenz-Gross & Siperstein，1998）。除此之外，与一般学生相比，学习不良学生更容易受到同伴的攻击，成为校园欺负行为的攻击对象。Thompson（1994）

等认为，学习不良少年有着在同伴中遭到拒绝和不受欢迎的风险，并且容易受到同伴的欺负。Nabuzoka 等进行了一个研究，通过与正常儿童进行比较，检验了学习不良儿童的地位及其与同伴的关系。他们的样本由 179 名 8 ～ 12 岁的学习不良儿童和一般儿童组成。他们要求每名儿童将他们的同学归到最适合描述的清单内容中，包括欺负者和被欺负者。结果显示，学习不良儿童更容易被描述成被欺负的对象，学习不良女孩被认为是最容易受到欺负的学生（Nabuzoka & Smith，1993）。基于这些研究，有观点甚至认为学习不良学生的社会问题大部分是由于其他学生的偏见造成的，这也是同伴对学习不良学生消极态度的关键效应（Pearl & Bay，1999）。

（二）学习不良学生隐匿污名的行为

为了应对可能遭受到的歧视和欺负，学习不良学生在社会交往中通常会有意识地采取一定的策略，来应对自身的学习不良及相关污名。其中，最常见的一种策略就是隐匿与自己学习表现相关的信息。Coughlin（1997）认为，学习不良是一个不可见的群体（可隐匿性），学习不良儿童可以有意识地隐匿自己学习不良的身份特征避免遭遇拒绝和歧视。有研究表明，需要特殊教育服务的学习不良学生有多种方式隐匿污名，如在走廊里面等待时机，保证同伴不会看自己去特殊教育的课堂，将特殊教育的用书藏起来，拒绝承认自己学习不良的事实（Barga，1996），或者在语言上保守秘密，假扮成教师喜欢的学生或角色，掩盖不能正常读写的事实，等等。除了这些策略，学习不良学生还经常通过过度表现抵消消极刻板印象，向其他人证明自己是成功和能干的（Ferri et al.，2001）。Ferri 等认为，当前学校还不能给学习不良个体提供充分安全的空间，在社会和学校主流文化的影响下，当发现自己处在模糊（或敌意）的环境中时，学习不良学生将通过隐匿他们的关键信息来应对自己的污名（Ferri et al.，2005）。

三、学习不良学生学业动机的相关研究

动机是个人从事某种活动的动力，是心理结构动力系统的重要组成成分（Deci，1987），也是公认的学校教育中一个最重要的方面（Adelman & Taylor，

1983）。在动机的倾向性方向，归因和特征对学生未来的学业和非学业任务中预期投入和行为有着高度的预测作用（Elliott & Dweck，1988；Sabatino，1982）。在以往的研究中，既有研究关注了动机在学业成绩中单一的调节作用（Poskiparta et al.，2003）或中介作用（Quirk & Schwanenflugel，2004），也有研究同时强调了动机是学业成绩的调节变量和中介变量（Kaplan & Midgley，1999；Linnenbrink，2005）。那么，对于学习成绩低下的学习不良学生来说，动机的特点是怎样的？在学习不良学生所获得的学业成就水平中，动机扮演了一个什么样的角色呢？

大量的研究直接检验了学习不良学生动机（特别是学业动机）的特点。Sideris（2005）的研究比较了注意力缺陷多动障碍儿童（在国外可以作为学习不良的一种亚类型）和一般儿童学业动机的差异。研究表明，学习不良儿童和多动障碍儿童的成绩接近目标和成绩回避目标的水平显著高于正常儿童。这一结果与对一般学习不良儿童研究得出的结果相似（Sideridis，2005）。当然他们的研究还发现了一个积极的结果，即两类儿童都将他们的课堂目标更多地看成是掌握导向的。在国内，研究者同样关注到了学习不良学生学习动机的特点。雷雳等对93名学习不良初中生和100名非学习不良初中学生的问卷研究，比较了学生深层动机、成就动机和表面动机3种动机类型的差异。结果显示，学习不良学生和非学习不良学生的学习动机存在显著差异：与非学习不良学生相比，学习不良学生深层次动机和成就动机较弱，表面性动机稍强一些（但差异不显著）。这一结果的含义是，学习不良学生在掌握知识得到高分和得到表扬等的倾向程度上远不如非学习不良学生，但在应付检查和为考试及格而学习的倾向比非学习不良学生稍高。对于个体差异来说，非学习不良学生的深层次学习动机占主导地位，3种动机强度两两之间的差异达到了显著水平；对学习不良学生来说，深层动机也占主导地位，但是成就动机和表面型动机之间没有显著差异（雷雳等，1998）。俞国良等对学习不良儿童家庭资源、认知发展和学习动机关系的两个研究都显示，学习不良儿童在学习愿望、学习主动性和学习坚持性等3种学习动机水平上均显著低于非学习不良儿童（俞国良等，1998；张登印等，1997）。因此，综合以上分析不难发现，学习动机低下是学习不良儿童的重要特征之一（张登印，1997）。

同时，很多研究也考察了学习不良学生学业动机的影响因素，并且研究结果表明，学习不良学生的学习动机受到多种因素的影响。雷雳等的研究认为，学习成败归因的倾向可以影响学生的学习动机：学习成败的内归因倾向（归因于自己的原因，努力与否，聪明与否）影响深层的学习动机；而成败的外部归因倾向（归因于不可知的因素）则很可能会影响学生的成就动机（雷雳等，1998）。俞国良等的研究则显示，家庭资源和认知发展水平也能够显著地预测学习不良学生的学习动机，父母创设的家庭资源越好，学习不良儿童的学习动机越强（张登印，1997）。然而，尽管大量的研究表明群体相关的污名也会影响到被污名者的行为动机（Andreasen et al.，1995；Glynn，1998），但是并没有研究关注学习不良相关的污名对学习不良学生动机的直接或者间接的影响，也没有研究关注学习不良相关的污名影响学习动机的中介模型和中介变量。

四、学习不良学生的自我概念

由于学校经验在形成自我概念特别是学生学业自我概念中所起的关键作用，一般认为经历学业困难的学习不良学生会有较低的自我概念，并且受到消极自我概念的不利影响（Elbaum & Vaughn，2001）。有的研究认为学习不良儿童自我概念的各个维度普遍低于非学习不良儿童（Chapman，1988；Kistner & Osborne，1987），也有研究认为，学习不良儿童不会受到“学习不良”标签的影响，对自己的学业技能保持了一个积极的自我概念（Meltzer et al.，1998；Vaughn & Haager，1994），但是越来越多的研究结果更加支持学习不良儿童的学业自我概念比较消极，非学业自我概念则与非学习不良儿童没有显著的差异。如 Gans 等采用 Piers-Harters 儿童自我概念量表对 50 名中学学习不良儿童自我概念水平进行了测量，并与 70 名同年龄段的一般儿童进行了对比。结果表明，学习不良儿童在智力、学校地位和行为分量表上的得分显著低于一般儿童，其他的维度则没有显著的差异（Gans et al.，2003）。Boetsh 等的研究表明，与一般成就的儿童相比，7 ～ 18 岁阅读障碍的儿童有较低的一般自我价值感和较低的在学业领域知觉到的胜任能力（Bear et al.，2002；Boetsch et al.，1996）。Bear 等对 61 个自我概念研究元分析的结果表明，与非学习不良儿童相比，学习不良儿童知觉到自己的学业能力更加消极，然而在自我概念的其他领域，两组儿童之间的差异并不明显（Bear et al.，2002）。

总之，很多研究者都关注了学习不良学生自我概念的特点，也有很多研究者探讨了学习不良学生消极自我概念的成因，同样，很少有研究关注学习不良相关污名对学习不良学生自我概念形成过程所产生的影响。

第二章

“学习不良”污名效应的研究思路

第一节　污名与学习不良

污名研究自从 1963 年兴起以来，吸引了大批研究者的注意，经过近半个世纪的努力，污名的研究视野已经获得了极大的拓展和延伸：研究领域从原来的身份污名和疾病污名，发展到了现在的种族污名、职业污名和地域污名；概念或理论从单一情境适用性发展到了目前的跨群体、跨文化和跨时期的普遍适用性；研究方法从原来的质的研究和定性描述发展到现在的访谈法、问卷测量法和实验法等多种主流研究方法的综合运用。也就是说，污名的研究对象、相关理论及研究方法在近 50 年的发展中已经取得了非常丰硕的成果。到目前为止，社会污名效应仍然是社会心理学研究的热点领域，并且正在不断地向前发展着。本书也是这一发展脉络上的一个分支。

以往的污名相关研究涵盖了身体外表缺陷、种族、身份、精神病、艾滋病、神经病等多种社会群体污名，也涵盖了寻求心理咨询（或心理帮助）、肥胖、性别刻板（女性在数学领域不如男性）、同性恋等大学校园中的污名，但是还很少有研究关注中小学校园中弱势群体的相关污名效应。由于我国中小学还没有实现对某些群体进行单独的特殊教育，各种在当前主流文化中处于劣势的学生，如学习不良学生、肥胖学生、智力低下学生和其他类型差生（行为差、纪律差、品质差），都与优势学生群体生活在同一校园环境中。在日常的相互交往中，由于主流社会价值观的作用，处于劣势的中小学生群体成员难免会遭到同伴的歧视、嘲笑和厌恶，与一般学生相比，他们的合理要求也更容易遭到拒绝。也就是说，处于劣势的某些中小学生群体在校园生活中也很容易被污名化，成为与社会污名相对应的校园污名。完全可以相信，社会污名群体所遭受到的污名效应也同样会发生在校园中被污名化的中小学生群体身上。

在众多的亚群体类型中，学习不良少年这一被污名化的群体受到了科研和教育工作者的关注。在我国，学习不良已经成为当前校园中相当普遍的一种现象。国外学者的相关研究资料表明，有 3% ～ 28% 的学生存在某种程度的学习不良（Prout et al.，1992）。我国的研究报告表明，学习不良学生在学龄学生中的比例为 17.4%（李艳红和高桂英，2002）。排除可能夸大事实的筛选标准和地域差异等因素，即使按照国际上 5% 的学习不良者检出率来推算，在我国 2.5 亿的中小学生中，学习不良亦是一个非常庞大的群体（俞国良，2005）。因此，学习不良学生是同伴人群中不可忽视的重要部分，学习不良是中小学校园中普遍存在的一种心理现象。

作为劣势群体，学习不良学生遭受到了老师、同伴甚至家长的歧视、嘲笑和排斥。虽然随着教育理念的进步，很多学校明确反对歧视学习不良学生，但是教师和同伴还是会有意识或无意识地作出区别性对待。基于以上的文献回顾可知，群体相关的污名对个体有着重要的影响，那么，学习不良及其相关污名对学龄学生（包括学习不良学生和非学习不良学生）产生了怎样的影响？学习不良的污名效应体现在哪些方面？学习不良学生是如何应对相关污名的？本书拟以中学生为研究对象，对学习不良相关污名的心理效应进行系统的考察。

第二节 "学习不良"污名效应可研究的问题

基于以上背景，本书以中学生为研究对象，试图关注以下几个方面的问题。

一、学习不良学生污名化的特点

本书关注的第一个问题是学习不良学生污名化的现状如何，具有哪些特点，是否存在着个体差异？

很多研究都表明，态度对行为有着一定的预测作用（Vogel et al.，2007；张红涛和王二平，2007）。某些群体被污名化，与人们（包括被污名者自身）对该群体的消极态度是分不开的。为了获得学习不良学生被污名化的全貌，除了要关注学习不良学生自身污名化（公众污名和自我污名）的特点外，还需要了解学习不良学生被公众污名和自我污名的重要条件——青少年学生对学习不良学生的态度：非学习不良学生对学习不良学生的态度为公众污名产生创造了前提；学习不良学生对学习不良学生的态度为自我污名的发生提供了基础。

（一）青少年学生对学习不良学生的态度

上面的文献回顾表明，学习不良学生很容易遭到老师和同伴的歧视、拒绝和偏见。学习不良学生的同伴接受性差，会体验到更多的交往压力，很少得到同伴的支持，等等。这些问题的出现很可能源自于青少年学生对学习不良学生的态度。有些研究考察了人们对学习不良学生的态度，如 Hepler 等的研究发现，一般学生对部分学习不良学生存在积极态度的同时，也有着部分消极态度（Hepler，1995，1997）。Miller（1984）却发现一般学生对学习不良学生普遍持有消极的态度，显然这些研究并没有得到一致的结果。究其原因，很可能是这些研究只检验了一般学生对学习不良学生的受到意识控制的外显态度，而没有关注人们对学习不良学生的不受人们意识控制的内隐态度。前面的文献回顾已经表明，人们的态度系统由内隐态度和外显态度组成（Greenwald et al.，2002），外显态度是人们能够意识到的并受意识控制的价值体系，而内隐态度则是不受意识控制，更能反映个体不受意识控制的真实想法（Greenwald & Banaji，1995）。要探讨人们对某群体的态度，只使用自我报告的外显态度的测量是不充分的，因为它很可能受到社会赞许性的影响，不能完全反映人们的真实想法。因此，要全面准确地反映人们对群体的态度，除了要检验人们自我报告的外显态度外，还要检验不受意识控制的内隐态度。

那么，青少年学生对学习不良学生的态度是怎样的？青少年对学习不良学生的内隐态度和外显态度一致吗？学习不良学生和非学习不良学生对学习不良学生的态度有差异吗？第三章的预研究以青少年学生对好学生的态度为参照，检验青少年学生对学习不良学生（在本书中用"差学生"表示）的态度特点，以期系统地回答这些问题。

（二）学习不良少年知觉污名和自我污名的特点

在我国，学习成绩是评价一个学生的关键指标。对于青少年来说，学习成绩不好就意味着脑子笨、不上进，甚至被当成一种缺陷而遭到他人的嘲笑。家长也会因此而颜面丧失。显然，学习不良学生在校园中是一个被污名化的群体。那么，对于学习不良学生自身来说，与非学习不良学生相比，他们是否认为自己已被污名化？他们是否知觉到了这些污名，并且将这些污名内化？不同性别或年级的学习不良学生知觉到的被污名化的程度和自我污名的倾向是否有差异？第三章的两个研究则试图回答这些问题。

虽然当前的文献中存在着很多关于污名知觉的测量工具，如 Austin 等（2004）的儿童污名量表、Berger 等（2001）的 HIV 污名量表以及 Link 等（2002）的污名经历量表等、但是这些问卷都是针对某一群体开发的，不能应用于其他污名群体，也不能同时应用于具有重要对比价值的一般公众群体。本书要检验青少年学生由于学习成绩不理想（可能是主观的也可能是客观的）而知觉到的污名，需要测量不同成绩水平学生的污名知觉，显然只能应用于一个群体的污名知觉问卷不能满足本书的需求。我们需要重新编制一个能够同时适用于所有青少年的污名知觉问卷，以便考察不同成绩水平青少年（包括成绩优秀学生、一般学生和学习不良学生）污名知觉的异同。

由于不同学习能力的青少年学生都生活在同一个校园环境中，每个学生受到学习成绩的影响都是不同的。如果将正常（或一般）和学习不良污名看作是一个连续体的两个极端，则在这个连续体上应该存在着不同污名程度，不同学生感知到的被污名化的程度和自我污名的程度也是各不相同的：成绩好的学生受到学习不良污名的影响小一些，自我污名少一些；成绩差一点的学生则受到学习不良污名的影响大一些，自我污名多一些。为了考察不同成绩水平学生在现实生活中感知到的被污名化和自我污名的程度，我们首先需要编制能够测量所有青少年感知到的被污名化以及自我污名程度的工具，在保证其信效度的基础上，将该问卷应用于学生群体，比较学习不良学生与非学习不良学生（一般学生和优秀学生）在污名化各个维度上的差异，获得学习不良学生感知到的被污名化的特点。

二、污名对学习不良学生的效应及其作用机制

本书关注的第二个问题是学习不良污名是怎样对学习不良学生产生影响的？污名影响学习不良学生学业动机和自我概念的机制是什么？

以往的研究揭示了学习不良学生存在许多问题，包括情绪（包括自我）、动机、行为、社会性适应以及认知等诸多方面，并且也在一定程度揭示了这些问题产生的原因。但是没有研究考虑到学习不良相关污名在这些问题出现过程中所起到的作用。有大量的证据表明，被污名群体所伴随的不良行为特征、心理健康问题甚至身体健康的问题，都与群体相关的污名存在着紧密的联系。因此，要揭示学习不良相关问题出现的原因，学习不良相关污名的影响是值得研究者重视的。

学业动机和自我概念是当前中小学生心理健康教育中最重要的两个方面，也是学习不良研究者关注最多的两个话题。以往研究虽然已经揭示了很多学习不良学生学业动机和自我概念的相关规律，但是还没有研究关注学习不良相关污名对学业动机和自我概念的影响及其影响机制。针对这些局限，本书重点探讨了污名对学习不良学生学业动机和自尊影响的关系。

（一）污名对学业动机的影响

学业动机对学习不良学生学习生活的方方面面都有着重要的影响，是任何一个学习不良现象的研究者都不应该遗忘或者忽略的重要课题。很多研究揭示了学习不良学生的学业动机比较消极，也有很多研究发现了影响学习不良学生学业动机的因素。但是，尽管大量来自其他污名群体的研究证据表明群体污名对被污名者的行为动机有着明显影响，但并没有研究关注学习不良相关污名对

学习不良学生学业动机的影响。那么，学习不良相关污名是否会影响学习不良学生的学业动机？如果污名对学业动机有影响，是直接影响还是间接影响？学习不良污名是通过哪些中间变量对学业动机产生影响的呢？第四章的研究一将试图通过建立潜变量的路径分析模型，来揭示学习不良污名对学业动机产生影响的中介机制。

（二）污名对自我概念的影响

在校园环境的学习生活中，有很多对学习不良学生存在消极刻板期望的威胁性情境。例如，与非学习不良学生（尤其是好学生）同时出现在一个情境中，参与与学习相关的活动，考试结束后公布成绩前的瞬间等，都可能成为学习不良学生的刻板印象威胁情境。那么在这些威胁性的情境中，污名会起到怎样的作用？学习不良学生是否会受到不同反馈的影响呢？与没有刻板印象威胁的情境相比，任务反馈对学习不良学生情绪和自尊的影响是否相同？对刻板印象不同的认同程度是否会增强或削弱任务反馈对学习不良学生的影响呢？第四章的研究二则通过创设对学习不良学生存在刻板印象威胁的测验情境来检验污名对自尊的影响。

三、学习不良学生隐匿污名的心理过程

有效应对污名，减少污名对个体的消极效应一直是研究者关注的一个热点问题。对于学习不良学生来说，他们应对污名的策略及其作用机制是什么呢？这也是本书关注的第三个问题，即学习不良学生怎样应对污名？学习不良学生在隐匿污名时进行了哪些认知控制和行为控制？

前面的研究描述了学习不良学生污名知觉的程度和特点，也揭示了污名知觉对学习不良学生产生影响的可能机制。那么，很多研究都表明，个体在知觉到污名的时候，往往要作出适应性的反应——应对反应。以往研究提出了很多污名应对策略，如尽量消除污名特征（如减肥）、隐匿污名、补偿社交情境中污名产生的问题（如敏感地觉察并适应交往伙伴的情感和动机）、回避对被污名者可能存在偏见的社交场合、向下比较（与自己相似或比自己差的人相比）、将

消极事件归因于歧视、否认遭遇到歧视和重新建构自我概念等（Miller & Major，2000）。在这些应对策略中，被污名者使用最多的、最容易想到就是隐匿污名身份特征。作为一种重要的污名应对策略，隐匿污名的心理效应得到了众多研究的关注，已经形成了当前污名研究领域中的一个热点（张宝山和俞国良，2007）。

为了避免遭到拒绝，维护自尊，被污名者在与他人交往时都会积极地隐匿自身的污名特征。在前面的文献回顾中我们不难发现，社会交往中隐匿污名特征的个体有着复杂的认知和行为过程。有理由相信，隐匿污名的学习不良学生在与同伴的交往中面临着同样的问题。

（一）学习不良学生隐匿污名过程中的认知控制

Wegner 等提出的秘密贯注模型为理解个体隐匿污名的心理过程提供了理论基础，很多研究也使用了这一模型来尝试研究隐匿污名的心理效应。为了了解学习不良学生通过隐匿消极学习成绩信息应对污名过程中的认知控制的特点，本书同样以 Wegner 等提出的秘密的贯注模型为理论依据，通过与陌生专家进行个体访谈的情境，考察了学习不良学生隐匿学习成绩信息时进行的认知控制过程，即学习相关想法压抑、学习相关想法闯入和学习相关想法的可获得性等方面的特点。

（二）学习不良学生隐匿污名过程中的行为控制

隐匿污名的个体除了要进行认知控制之外，也要对自己在社交中的表现进行一定的行为控制。前面的文献回顾表明，在社交情境中，为避免暴露自身污名相关的信息，隐匿污名的个体需要对自己的行为进行有意识的监控，即对行为社交过程中的行为进行自我监控。学者认为，自我监控与个体的印象管理密切相关。那么，学习不良学生在使用隐匿污名（concealing stigma）这种印象管理策略的时候，自我监控是否也会明显增加呢？第五章的第二个研究使用与认知控制相同的研究范式，检验了学习不良学生在隐匿消极学习成绩信息时自我监控的特点。

第三节 研究方案

针对以上问题，结合我国中小学的实际情况，本书首先在考察青少年（包括学习不良少年自身）对学习不良学生态度的基础上，分别从公众和自我两个角度检验了学习不良少年知觉到的被污名化的特点：公众污名的知觉是学习不良少年知觉到的被他人污名化的程度，自我污名是学习不良少年对公众污名的内化。接着，通过问卷法和实验法，进一步探讨了污名对学习不良少年产生的影响。研究主要关注了学习不良学生的污名知觉、自我污名、学业效能感和学业目标之间可能存在的内部联系，以及污名对任务反馈和自尊之间的关系中可能起到的调节作用，目的在于揭示学习不良相关污名对学业动机和自我概念产生影响的可能机制，为学习不良的干预提供一定的理论基础。最后，本书使用情境实验法，检验了学习不良少年通过隐匿学习成绩信息应对污名时所进行的认知控制和行为控制过程。

根据以上分析，整个研究共分为 3 个部分，研究的框架如图 2-1 所示。

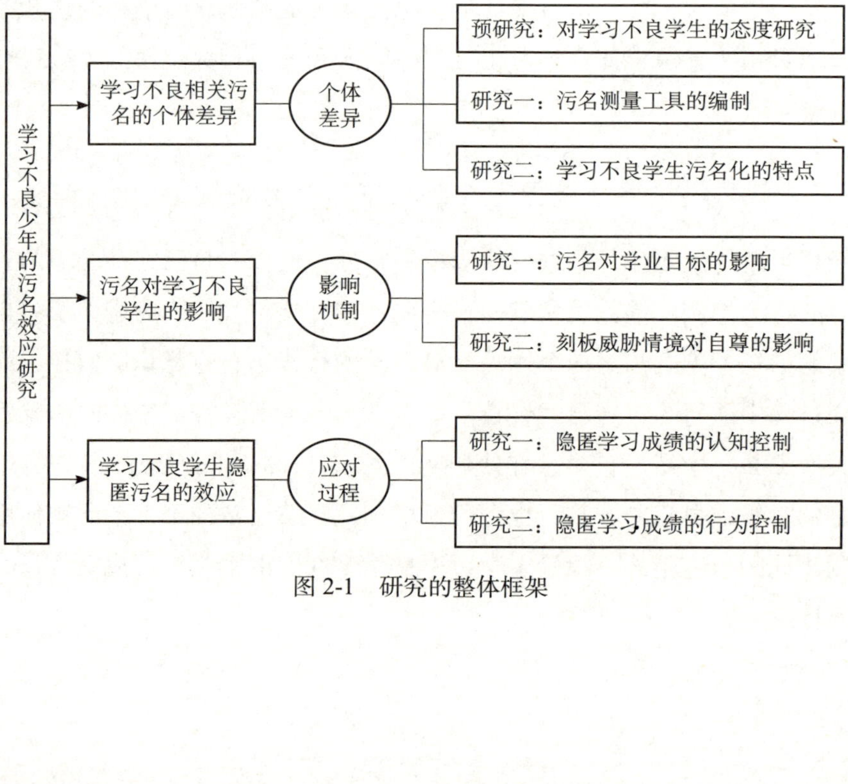

图 2-1 研究的整体框架

第三章

学习不良少年污名化的特点研究

第一节　对学习不良少年的态度研究

一、研究假设

以往很多研究关注了一般学生对学习不良学生的外显态度，并且发现人们对学习不良学生或多或少会持有一定的消极态度（Hepler，1995，1997；Miller，1984），但是很少有研究系统地探讨人们（包括学习不良学生自身）对学习不良学生的内隐态度，以及不同性别、不同学习情况学生对学习不良学生态度模式的差异。为此，本节以学习不良学生和非学习不良学生为研究对象，考察了在与好学生相比时，不同类型（学习不良学生 vs. 非学习不良学生）、不同性别（男生 vs. 女生）的学生对学习不良学生（本节用“差学生”表示）内隐态度和外显态度的差异，研究的假设如下。

假设 1：青少年学生对学习不良学生有着消极的内隐态度和外显态度。

假设 2：不同性别学生对学习不良学生的内隐态度和外显态度存在显著差异。

假设 3：不同类型学生对学习不良学生内隐态度和外显态度存在显著差异。

二、研究方法

（一）被试

被试来自某普通中学初二年级，共包括学习不良少年 42 人（其中男生 28 人，女生 14 人），非学习不良少年 44 人（其中男生 17 人，女生 27 人）。

1.内隐态度的测量

本节中使用内隐联结测验来测量被试对学习不良学生的内隐态度。内隐联结测验是 20 世纪 90 年代末发展起来的一种测量人们内隐心理特质的一种有效的手段，被广泛应用于态度、自尊、刻板印象等领域的研究。众多研究表明，内隐联结测验具有良好的信度和效度（Greenwald et al.，1998，2003；蔡华俭，2003；周帆和王登峰，2005）。

在本节中，整个测验过程共包括 7 个部分，如表 3-1 所示。第一部分为被试对"好学生"和"差学生"相关的词汇快速分类并按键反应（按"I"键或"E"键）；第二部分为被试对积极属性的词汇和消极属性的词汇作出分类按键反应（按"I"键或"E"键）；在第三、四部分中，被试的任务是对好学生和积极词汇作出相同的按键反应（按"I"键），对差学生和消极属性词汇作出另一种相同的按键反应（按"E"键）；第五部分再次对属性词分类，但是要求与第一部分相反；第六、七部分又是联合反应任务，要求与第三、四部分相反，被试对差学生相关词汇和积极词汇作出一种反应（按"E"键），而对好学生相关词汇和消极属性词汇作出相同的按键反应（按"I"键）。在新的记分方法中，内隐联结测验的第一、二、五部分为练习部分，不计入最终的数据分析，第三、四、六、七部分的合并分类任务是关键测量部分。

表 3-1 IAT 实验程序及样例

实验单元	试次	测验部分	分类任务描述	刺激（例）
B1	20	概念词分类	"好学生"按 I 键，"差学生"按 E 键	I–好学生，E–差学生
B2	20	属性词分类	"积极"按 I 键，"消极"按 E 键	I–聪明，E–愚笨
B3	20	联合分类	"好学生"或"积极"词，按 I 键 "差学生"或"消极"词，按 E 键	I–好学生 / 聪明 E–差学生 / 愚蠢

续表

实验单元	试次	测验部分	分类任务描述	刺激（例）
B4	40	联合分类	“好学生”或“积极”词，按I键 “差学生”或“消极”词，按E键	I–好学生/聪明 E–差学生/愚蠢
B5	20	属性词分类	“积极”按E键，“消极”按I键	E–愚蠢，I–聪明
B6	20	联合分类	“好学生”或“消极”词，按I键 “差学生”或“积极”词，按E键	I–好学生/愚蠢 E–差学生/聪明
B7	40	联合分类	“好学生”或“消极”词，按I键 “差学生”或“积极”词，按E键	I–好学生/愚蠢 E–差学生/聪明

测验材料包括好学生类词汇和差学生类词汇各5个，形容一个学生用的积极属性词汇和消极属性词汇各10个（附录2）。

在测验过程中，要求被试对呈现在屏幕中央的词汇准确快速地分类。屏幕上方左右两边始终呈现着将要分类词汇的类别标签，当词汇属于左边的类别标签时按“E”键，当词汇属于右边类别标签时按“I”键。在整个测试过程中，被试的正确反应和错误反应都会在计算机屏幕上得到反馈。

2.外显态度的测量

为了使外显态度和内隐态度的测量材料真正实现对等性，使内隐态度和外显态度结果可以直接进行比较，外显态度的测量项目也利用了内隐联结测验中的属性词汇。具体做法是将内隐联结测验中使用的描述个体积极或消极特征属性的词汇分别填入“好学生是________的”和“差学生是________的”两个句子中，共组成40个与内隐联结测验相对应的句子，测量被试对不同类型学生的外显态度。这些项目所组成的量表要求被试判断每句话描述的内容符合自己真实想法的程度，从“完全不符合”到“完全符合”进行7点评分。

本节中将消极词汇组成的句子视为反向计分项目。测量对好学生态度和测量对差学生态度的句子各20个，每种态度测量中都包括10个正向计分题目和10个反向计分题目。各项目加在一起的总分代表被试对好学生或差学生的态度倾向，分数越高，表示被试对相应群体的态度越积极。这些项目具有较好的内部一致性信度，其中测量对好学生态度20个项目的内部一致性信度为0.81，测量对差学生态度的20个项目的内部一致性信度为0.78，删除任何一个项目都不能提高两部分的内部一致性信度。

（二）实验设计

研究采用 2（学习不良学生 vs. 非学习不良学生）×2（男生 vs. 女生）的组间设计。因变量为内隐联结测验得到的内隐态度的指标和外显态度测量的分数。

（三）研究程序

1）被试完成内隐联结测验。

2）填写外显态度的测量问卷。

3）主试答谢被试并解释实验。

三、研究结果

（一）学习不良少年和非学习不良少年反应时的比较

国外的研究表明，学习不良被试在诸多的认知心理过程领域都存在着明显的劣势（Jakobson & Kikas，2007；Mabbott & Bisanz，2008）。除此之外，对词汇的理解程度和对电脑的熟悉程度都可能影响被试的反应速度，造成学习不良被试反应速度低于非学习不良被试。因此，为了保证以下数据分析的有效性，我们首先比较了两类学生在 4 个实验单元中（B3，B4，B6 和 B7，这 4 部分是用于计算内隐态度指标的数据）的平均反应时。不同类型被试在这 4 部分的反应时如表 3-2 所示。

表 3-2　不同被试在 4 部分的反应时

项目	平均反应时（标准差）/ms		t	p
	非学习不良少年	学习不良少年		
B3	658.40（92.96）	699.47（121.17）	−1.77	0.08
B4	663.25（64.45）	687.36（68.29）	−1.68	0.10
B6	1197.47（236.85）	1232.98（233.78）	−0.70	0.49
B7	1049.35（189.22）	1100.86（213.55）	−1.19	0.24

t 检验的结果显示，学习不良少年和非学习不良少年 4 部分的平均反应时没有显著的差异，内隐联结测验的反应时并未受到无关变量的影响。

（二）内隐态度指标及其与外显态度的关系

本节用 2003 年 Greenwald 推荐的 *D* 分数法来表示被试对好学生和差学生的内隐态度。与内隐联结测验提出伊始所使用的表示内隐指标的方法不同，*D* 分数法最大程度地利用了原始数据所包含的信息，是一种相对完善的分析内隐联结测验结果的方法（Greenwald et al.，2003），具体计算方式如下。

1）利用第三、四、六和七部分的数据。

2）删掉以下情况的数据：反应时大于 10 000ms 的被试，小于 300ms 的反应时多于 10% 的被试和 4 个部分错误反应超过 40% 的被试。

3）计算 4 个部分中正确反应的平均反应时。

4）计算第三、六部分中所有反应的标准差（SD_1）以及第四、七部分中所有反应时的标准差（SD_2）。

5）将每个部分中错误反应的反应时用相应部分正确反应的平均反应时加上 600ms 替代。

6）计算每个部分的平均反应时。

7）最后，用下面的公式计算 *D* 分数：D = [（B6 平均反应时 – B3 平均反应时）/ SD_1+（B7 平均反应时 – B4 平均反应时）/ SD_2]/ 2。

在本节中，根据上面的公式最终计算出来的 *D* 分数只是对青少年学生对不同类型学生内隐态度的一个大概描述，既包括对好学生的态度，也包括了对差学生的态度，对青少年学生分别对好学生和差学生内隐态度倾向不能提供更多的信息。为此，参照以上计算 *D* 分数的方法，我们发展出 *D* 好学生和 *D* 差学生两个指标，来分别表示对好学生的内隐态度和对差学生的内隐态度，具体的计算方法如下：

使用第三、四、六和七部分中的反应时，依据刺激词汇属性将反应时进一步划分为积极词汇反应时和消极词汇反应时。分别计算每个部分中积极词汇平均反应时和消极词汇平均反应时，然后依据下面的公式计算对好生的内隐态度和对差生的内隐态度两个指标 *D* 好学生和 *D* 差学生：

$D_{好学生}$ = [（B6 消极词汇反应时 – B3 积极词汇反应时）/ SD_1 +（B7 消极词汇反应时 – B4 积极词汇反应时）/ SD_2]/ 2

$D_{差学生}$ =［（B3 消极词汇的反应时 − B6 积极词汇反应时）/ SD_1 +（B4 消极词汇反应时 − B7 中积极词汇反应时）/ SD_2］/ 2

依据上面的公式计算的 *D* 值越高，被试越不容易将消极态度与相应的学生群体相联系，内隐态度越积极。

根据上面的公式可以计算出 3 个内隐态度的指标，即总体的内隐态度指标 *D*、对好学生的内隐态度指标 $D_{好学生}$和对差学生的内隐态度指标 $D_{差学生}$。表 3-3 列出了本节中不同类型被试内隐态度的平均值。

表 3-3 不同被试的内隐态度

项目	非学习不良少年		学习不良少年	
	男	女	男	女
D	1.42（0.30）	1.45（0.31）	1.34（0.35）	1.39（0.35）
$D_{差学生}$	−1.16（0.35）	−1.39（0.20）	−1.19（0.39）	−1.23（0.46）
$D_{好学生}$	1.27（0.17）	1.26（0.21）	1.12（0.32）	1.18（0.46）

Cohen（1988）建议，*D* 小于 0.2 为小的效应值，*D* 等于 0.5 为中等效应值，*D* 等于 0.8 为大的效应值。依据这一标准，对照表 3-3 不难发现，本节的 *D* 值大部分在 0.8 以上，显示本节的效应值较大。这可能是由于本节使用的两个概念类别（好学生 vs. 差学生）之间的差异非常明显，两类学生恰好代表了人们内隐态度的两个极端。

由表 3-3 可知，正的 *D* 值表明，与将消极词汇和差生联系在一起时或积极词汇与好学生联系在一起时比，当消极词汇与好学生相联系或积极词汇与差学生相联系时，被试作出了更加快速的反应。因此，这些效应可以理解成青少年对差学生存在强烈的消极内隐态度或对好学生存在着明显积极的内隐态度。$D_{好学生}$和 $D_{差学生}$正好证实了这一推论。

为检验外显态度和内隐态度的关系，我们用上面描述的 3 个内隐指标与自我报告测量得到的两个外显态度指标（对好学生的态度和对差学生的态度）进行了相关分析，结果如表 3-4 所示。

表 3-4　内隐态度指标和外显态度指标的相关矩阵

项目	好生态度	差生态度	$D_{差学生}$	$D_{好学生}$	D
好生态度	1	-0.23^{*}	0.07	0.10	-0.22^{*}
差生态度	-0.23^{*}	1	-0.05	-0.16	0.03
$D_{差学生}$	0.07	-0.05	1	-0.37^{**}	-0.47^{**}
$D_{好学生}$	0.10	-0.16	-0.37^{**}	1	0.51^{**}
D	-0.22^{*}	0.03	-0.47^{**}	0.51^{**}	1

注：*** 代表显著水平 $p<0.001$，** 代表显著水平 $p<0.01$，* 代表显著水平 $p<0.05$，下同

相关分析表明，外显态度的两个指标呈负相关，对好学生的态度越积极，对差学生的态度就越消极；3 个内隐指标之间也存在显著相关，对好生的内隐态度 $D_{好学生}$与 D 正相关，对差学生的内隐态度 $D_{差学生}$与 D 负相关，表明总的 D 值既表示了对好学生的积极态度又表示了对差学生的消极态度。

与以往的研究（蔡华俭，2003；蔡华俭和杨治良，2002）所得结论相似，内隐态度的 3 个指标相互相关，外显态度的两个指标也存在显著相关；外显态度的两个指标与内隐态度的 3 个指标均不存在相关。这一结果说明本节中的内隐态度和外显态度没有测量到相同的心理特质，进一步支持了内隐态度和外显态度是两个相互独立的态度系统。

为更准确地了解青少年学生对差学生（学习不良学生）态度的特点，在以下研究中我们以被试对好学生的态度为对照，考察在与好学生相对比时，不同类型学生对学习不良学生态度的差异。

（三）外显态度的比较

1. 对两种学生外显态度的比较

为了比较相同被试对两种学生的态度，以对好学生和差学生的外显态度为组内变量，以被试类型和性别为组间变量，进行混合设计的方差分析，不同被试对两类学生的平均数如表 3-5 所示。结果表明，组内变量的主效应显著［$F(1, 82) = 201.96$，$p < 0.001$］，总体上被试对好学生的态度（$M = 5.47$）显著高于对差学生的态度（$M = 3.81$），也就是说，与对好学生的态度相比，本节中的被试对差学生的态度更加消极；组内变量与学生类型的交互作用显著

[F（1，82）= 9.91，$p < 0.01$]。简单效应分析（图 3-1）表明，非学习不良少年对好学生的态度（$M = 5.64$）比对差学生的态度（$M = 3.69$）更积极 [F（1，42）= 160.48，$p < 0.001$]；学习不良少年对好学生的态度（$M = 5.28$）比对差学生的态度（$M = 3.94$）更积极 [F（1，40）= 57.62，$p < 0.001$]。

表 3-5 不同被试对好学生和差学生的外显态度

项目	非学习不良少年		学习不良少年	
	男	女	男	女
对好学生态度	5.78（0.55）	5.55（0.63）	5.33（0.75）	5.19（0.78）
对差学生态度	3.67（0.69）	3.70（0.59）	3.82（0.64）	4.18（0.67）

尽管学习不良少年和非学习不良少年对好学生的态度都比对差学生的态度积极，但是如图 3-1 所示，两者的斜率是明显不同的，学习不良少年对两类学生态度的差异小于非学习不良少年对两类学生态度的差异。也就是说，与非学习不良少年相比，学习不良少年对好学生的态度要消极一些，对差学生的态度要积极一些。下面的分析将进一步关注这一结果。

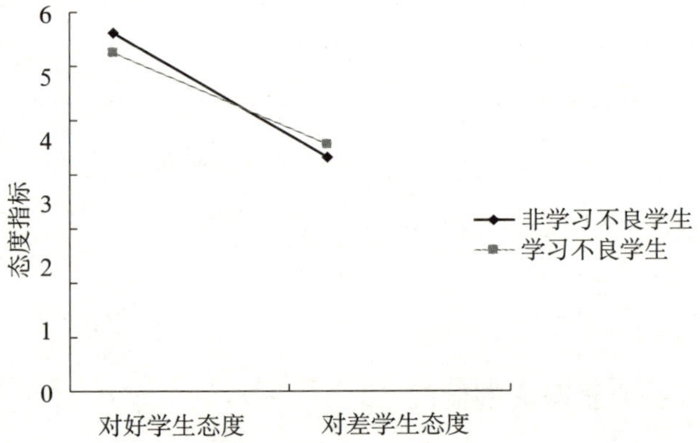

图 3-1 青少年学生的态度

2. 不同被试对好学生外显态度的比较

以学生类型和性别为自变量，以对好学生的外显态度为因变量进行方差分析。结果显示，性别主效应不显著 [F（1，82）= 1.45，$p > 0.20$]，男生对好学生的态度（$M = 5.50$）与女生对好学生的态度（$M = 5.43$）之间没有显著差异；

学生类型主效应显著［$F(1, 82) = 7.06$，$p < 0.01$］，非学习不良少年对好学生态度的得分（$M = 5.64$）显著高于学习不良少年（$M = 5.28$），暗示了学习不良少年对好学生有相对消极的态度；学生类型和性别交互作用不显著［$F(1, 82) = 0.09$，$p > 0.70$］。

3. 对学习不良学生外显态度的比较

同样将被试对差学生的态度进行方差分析，结果显示，性别主效应不显著［$F(1, 82) = 1.83$，$p > 0.10$］，男生对差学生的态度（$M = 3.76$）与女生（$M = 3.86$）之间没有显著差异；学生类型主效应显著［$F(1, 82) = 4.66$，$p < 0.05$］，学习不良少年对差学生的态度（$M = 3.94$）比非学习不良少年对差生的态度（$M = 3.69$）更积极；性别与学生类型的交互作用不显著［$F(1, 82) = 1.30$，$p > 0.20$］。

（四）内隐态度的比较

1. 对两种学生内隐态度的比较

与上面的研究相同，首先以被试对两种学生的内隐态度为组内变量，以学生类别和性别为组间变量进行混合设计的方差分析。结果显示，组内变量的差异显著［$F(1, 82) = 1682.87$，$p < 0.001$］，被试对好学生的内隐态度（$M = 1.20$）显著高于对差学生的内隐态度（$M = -1.25$），表明所有被试都对差学生持有非常消极的内隐态度；性别主效应不显著［$F(1, 82) = 2.11$，$p > 0.10$］；学生类型主效应不显著［$F(1, 82) = 0.31$，$p > 0.50$］；组内变量与性别、学生类型之间的交互作用均未达到显著水平（F 均小于 2.2，p 均大于 0.1）。

2. 对好学生内隐态度的比较

以性别和学生类别为组间变量，以对好学生的内隐态度为自变量进行的方差分析结果表明，性别主效应不显著［$F(1, 82) = 0.10$，$p > 0.70$］；学生类型主效应不显著［$F(1, 82) = 2.75$，$p > 0.10$］；学生类型和性别的交互作用不显著［$F(1, 82) = 0.28$，$p > 0.50$］。这些结果表明，不同类型的学生对好学生的内隐态度没有显著差异。

3. 对学习不良学生内隐态度的比较

同样使用学生类型和性别为组间变量的方差分析结果表明，性别主效应不显著［$F(1, 82) = 3.21$，$p = 0.08$］，男生对差学生的态度（$M = -1.34$）与女生（$M = -1.18$）没有显著差异；学生类型主效应不显著［$F(1, 82) = 0.68$，$p > 0.40$］，非学习不良少年对差生的内隐态度（$M = -1.30$）与学习不良少年（$M = -1.20$）没有显著差异；性别与学生类型的交互作用没有显著差异［$F(1, 82) = 1.57$，$p > 0.20$］。

四、青少年对"学习不良"的态度

内隐联结测验被广泛用于人们无意识心理过程的探索。截至目前，内隐联结测验已经被广泛应用到了自尊（蔡华俭，2003；蔡华俭和杨治良，2003）、态度（Greenwald et al.，1998；Teachman et al.，2006）、刻板印象（Blair et al.，2001）等领域的研究。为揭示内隐心理特质的独有特征，很多研究不可避免地要用相应的外显指标作为比较的对象（蔡华俭，2003；张镇和李幼穗，2005；周帆和王登峰，2005）。然而，在比较外显特征和内隐特征时，很少有研究能够做到使用相同的研究材料。为了解决这一局限，本节通过恰当的表述形式，将内隐联结测验中使用的词汇转变成测量被试外显态度的语句，使内隐联结测验刺激词汇和外显自我报告的测验语句一一对应，为有效比较内隐特征和外显特征提供了可靠的前提条件。

通过以上的改进，本节同时考察了学习不良少年和非学习不良对学习不良少年的外显态度和内隐态度，结果发现：

1）与对好学生的态度相比，学习不良少年和非学习不良少年对差学生普遍持有消极的外显态度和内隐态度，并且具有较大的效应值。

2）在外显态度方面，学习不良少年对差学生的态度比非学习不良少年积极一些。

3）在内隐态度方面，不同类型学生（非学习不良少年和学习不良少年）之间，不同性别学生之间均没有显著的差异，即所有学生都对差学生有着消极的内隐态度，对好学生有着积极的内隐态度。

第二节 污名问卷的编制及信效度检验

一、既有污名测量方法的局限及改进

以往虽然有很多关于污名知觉的测量工具，但是这些测量工具都只适合于特定的被污名化的群体，不能在其他群体中使用。然而，不同污名引起个体心理效应具有相似性以及某些污名知觉测量项目是跨群体适用性的。Van Brakel 在对63篇介绍污名测量工具（涉及麻风病、精神病、癫痫症和艾滋病等污名群体）文章的归纳和总结中发现，至少有35个项目同时出现在了3个或更多不同的污名量表中，出现频率较高（至少出现在4种相关测量中）项目描述的主题主要与婚姻、社交回避、污名特征的隐匿、害羞和尴尬和受到别人尊重等方面相关（Van，2006）。另外，以往污名知觉的测量工具大多将“污名”和“正常”看成是相互对立的两个状态，编制的量表或者用于正常群体（测量正常人群对污名的态度），或者用于污名群体（测量污名知觉）。即使个别工具能够同时应用于两种群体，但也缺乏对处于中间状态群体（介于污名和正常之间的人群）的关注。然而，在很多情境中，“正常”和“污名”之间并不是截然对立的，可以看成程度不断加深的一个连续过程。例如，在中小学校园中，学习成绩水平就可以看成是划分污名化水平的依据，学习成绩不好的学生，会明显受到“差生”污名的影响。因此，如果能将“正常”和“污名”看成某个连续体的两极，在选取以某个概念为框架的基础上，开发出来的工具则可以实现在同一标准下污名知觉的比较，除了能够区分出“正常”群体和“污名”群体的差异外，也能检验出不同污名知觉水平个体独特的心理特质。

本节拟编制一个由学习成绩不理想引起的学习不良污名知觉和自我污名的测量问卷，以便为学习不良少年污名知觉的测评提供有可信有效的量化工具。为了克服以上不足，本次问卷的编制采纳了污名知觉和自我污名是从低到高的连续体的这个假设，在项目中用更加中性的“当前的学习成绩”这一术语强调项目所描述的内容是由于当前的学习状况引发的，而不再使用特定污名群体的名称（在本节中指学习不良学生）来限定测量项目，如用“当前的学习状况使我感到低人一等"而不使用"由于是学习不良学生，我感到低人一等"。通过这一改进，编制出来的测量工具可以适用于所有青少年学生。另外，本节还广泛吸纳了以往污名测量工具中出现频次较多的测量项目，保证了问卷测量项目的代表性和典型性。

二、污名知觉和自我污名问卷编制及施测过程

（一）问卷的理论结构

本问卷的编制严格按照心理测验工具开发的标准程序进行，测量青少年在日常学习生活或与同伴交往中，由于当前的学习情况（主要是指学习成绩）不理想可能遭遇到或体验到的"学习不良（或差生）"相关污名（公众污名的知觉），以及由于对这些污名的内化，个体知觉到的自尊和自我效能感受到的消极影响（知觉到的自我污名）。测量工具适用的群体为所有中学生（在本章中包括优秀学生、一般学生和学习不良学生）。测验形式为由相同的主试宣读统一的指导语后，在教室中进行集体施测。

为使所编制的问卷在内容上能够准确反映污名和自我污名的含义，问卷以污名概念及成分（Link & Phelan，2001）和自我污名概念及各成分（Corrigan & Watson，2002）的详细描述为基础，首先将其转化为学习不良污名和自我污名的操作定义；然后依据操作定义分别组织编写污名知觉问卷和自我污名问卷的测量项目。两个问卷均采用 4 点计分的方式，要求被试根据每个项目所描述的内容，评价每个项目符合自己实际想法的程度，"1"代表不符合，"2"代表有点不符合，"3"代表有点符合，"4"代表符合。为了控制被试出现作答惯性，作出完全相同的反应，污名知觉问卷还设置了 7 个反向计分的题目。

（二）项目编制

本节从以下 3 个途径收集编写测量项目。

第一，广泛回顾了以往污名测量研究的相关文献，如 Austin 等（2004）的儿童污名量表，Sowell 等（2001）和 Berger 等（1997）的 HIV 污名量表，以及 Link 等（2002）的污名经历量表等。借鉴、参考这些测量工具项目的表达方式、

问卷的维度，以及将某些项目作适当修改，直接引用到本问卷中。

第二，与中小学教师访谈，收集相关的语句。我们要求教师列举出学习不良学生不受欢迎的一些特征、可能遭到拒绝的典型的社交情境，以及在接受自己的学习不良事实后，学生会出现哪些心理或行为上的变化。根据教师的回答进行整理、分析，逐条编写测量项目。

第三，通过与中学生访谈，要求中学生自己列举学习不良学生有哪些不受欢迎的特征，同伴差别对待学习不良学生的典型事例，以及在认为自己是一个学习不良学生后，心理或行为上会出现的典型的变化等。我们将对中学生的访谈内容进行整理、分析后，编写相应的测量项目。

通过以上 3 种途径，共获得 78 个污名知觉的测量项目和 15 个自我污名的测量项目，预期测量刻板印象知觉、歧视知觉、认知区分、地位丧失、对被贴标签的知觉、刻板认同、刻板内化和自尊贬损等公众污名知觉的 5 个方面和自我污名知觉的 3 个方面。

（三）项目的筛选、初步修订以及初测问卷的形成

根据污名概念的维度及其操作定义，由 5 名心理学硕士和 5 名心理学博士（硕士修改后，博士再进行一次评定）进行第一轮修订。在修订过程中，要求参与者从以下几个方面对项目进行评定、修改：①每个项目在多大程度上反映了要测量的内容；②每个项目的表达方式对于中学生是否容易理解，是否符合中学生的心理特点，是否通顺等；③总问卷及各子维度中是否包括了所有典型的项目，是否还有更好的项目没有包括在内（如果有需要写出来）。在评定的基础上，对项目作出恰当的修改。通过第一轮修改，删除 47 个污名知觉的测量项目和 3 个自我污名的测量项目，修改 3 个污名知觉项目，根据修改意见增加 2 个污名知觉的测量项目，最终获得 33 个污名知觉项目和 12 个自我污名项目。

随后，我们请 6 位中学生（3 名学习不良学生和 3 名非学习不良学生）对两个问卷进行试测。首先，要求他们完成问卷，然后针对问卷中的项目对他们进行访谈。访谈中首先询问被试是否能够完全明白问卷中每个项目所表达的意思，问卷中项目的表达方式是否符合中学生的语言表达习惯，以及问卷中的项目在他们的学习生活中是否典型；紧接着询问被试问卷测量了什么特征，以此来了解

问卷的表面效度。结果表明，没有人能准确地回答这一问题；然后将问卷的测量目的告知被试，询问他们是否还有其他更恰当的项目没有包括在问卷中。经过该轮评定，对于污名知觉问卷，删除4个多数学生（3个或3个以上）认为不够典型（认为没有出现过相关的感受或者只适合于个别优秀学生）的项目（"大多数人尽量否认我的优秀之处"，"我在班级中很有号召力"，"大多数人的言行似乎在努力证明他不同于我"，"我很容易成为群体的领导者"）和1个包含歧义的项目["大多数人会随意打断我（发言或其他活动），而不考虑我的感受"]；对于自我污名问卷，没做修改。基于这轮评定，最终获得28个污名知觉的测量项目和12个自我污名的测量项目，形成初测问卷。

（四）初测

选取充足的中学生样本，对以上问卷进行初测。用初测获得的数据进行项目分析、探索性因素分析和信度分析，删除区分度低和造成问卷结构不稳定的低质量的项目后，形成重测问卷和问卷可能的维度或结构。

（五）再测

研究使用另一个足量的样本对初测中得到的问卷维度进行验证性因素分析，随后进行信度分析。为进一步检验问卷的结构效度和效标效度，研究还考察了两个问卷总分与各自分维度总分，以及与社会支持、自尊、学习成绩的标准分，根据这一研究的结果及问卷的质量参数，形成最终的研究问卷。

三、被试

初测：初测被试用于项目分析和问卷的探索性因素分析。被试来自于河北某初中二年级学生299人，其中男生140人，女生159人。

再测：再测被试群体来自于河北某初级中学一年级、二年级、三年级学生和北京市某初级中学二年级学生，其中，男生290人，女生282人，1人未报告性别；初一253人，初二158人，初三162人，详细情况如表3-6所示。

表 3-6　各年级被试性别分布

项目	一年级	二年级	三年级	总人数
男生	128	81	81	290
女生	124	77	81	282
总人数	252	158	162	572

四、工具

（一）自编学习不良污名知觉问卷和自我污名问卷

通过三轮评定，应用于初测的污名知觉问卷包括 28 个项目，预期测量刻板化、歧视、认知区分、标签知觉和地位丧失等 5 个方面的污名知觉；自我污名问卷包括 12 个项目，预期测量刻板认同、刻板内化和自尊贬损等 3 个方面。

（二）社会支持问卷

使用姜乾金修订的领悟社会支持量表（perceived social support scale, PSSS）（姜乾金，1999），该量表包括 12 个自评项目，被试对每个项目从极不同意到极同意进行 7 点评分。在本节中，根据中学生的实际情况，将原量表项目中的“领导、亲戚、同事”修改成“老师、家人、同学”。原量表的内部一致性系数 α 为 0.87，该量表在本节中的内部一致性信度系数 α 为 0.83。

（三）一般自尊问卷

应用 Rosenberg 自尊问卷测量被试的一般自尊。量表包含 10 个项目，被广泛应用于自尊的测量，有着较好的信度和效度。在使用中，要求作答者被试对每个项目进行 4 点评分（由非常不同意到非常同意）（汪向东等，1999）。

（四）学生标准化的学业成绩

根据学生最近一次正规考试（年级统一进行的月考或期中考试）的成绩，以班级为单位进行标准化，得到每个被试标准化的学业成绩。

五、研究程序

第一，根据文献回顾和与教师及中学生的访谈，以污名概念与自我污名的相关概念为理论结构，编制78个测量污名知觉的项目和15个测量自我污名的项目，然后由博、硕士研究生和青少年中学生对问卷的内容效度进行鉴定，并对部分项目进行删减和修改，对问卷的项目进行最初的筛选；第二，将经过三轮（硕士生、博士生、中学生）评定的污名知觉问卷和自我污名问卷对初测群体进行施测，用回收的数据进行项目分析、探索性因素分析和信度分析，删减一些区分度低和因素负荷低的项目，初步确定两个问卷的结构或维度；第三，将经过初测修订的问卷施测于再测被试群体，使用LISREL软件对初测中得到的问卷维度进行验证性因素分析，随后再次进行信度分析，进一步确定问卷的结构效度；第四，通过计算两个问卷各维度之间以及各维度与总分和社会支持、一般自尊、标准化学业成绩之间的相关，检验问卷的结构效度和效标关联效度。通过以上程序，我们预期能够得到信效度较好的学习不良污名知觉问卷和自我污名问卷。

六、研究结果

（一）项目分析

首先，用极端分组法检验每个项目的区分度。具体的做法是分别以两个初测问卷总分最高的27%和最低的27%为两个极端组的分界界限，求出两组被试在每个项目得分平均数的差异，将没有达到显著水平的项目删除。随后，计算每个项目与总分之间的相关，将相关系数小于0.30的项目删除。结果表明，两个问卷所有项目在两个极端组的平均分均达到了显著差异，污名知觉问卷有两个项目（"在交往中，其他人很容易想到的我学习成绩"，"我代表班级参加过学校的重要活动"）与总分的相关系数小于0.30（相关系数分别为0.28和0.27），在随后的分析中将这两个项目剔除；自我污名问卷的所有项目与总分的相关都在0.40～0.75，表明项目的区分度较好。自我污名问卷在这一轮分析中没有题目删除。这样通过项目分析，污名知觉问卷剔除两个项目，保留 26 个项目；自我污名问卷保留 12 个项目。

（二）探索性因素分析

1. 污名知觉问卷的探索性因素分析

首先，对污名意识的 26 个项目进行 Bartlett 球形检验和 KMO 样本充分性检验，结果表明，$\chi^2 = 2544.98$，$p < 0.001$，KMO = 0.90。这些结果显示，初测被试群体收集到的数据适合做探索性因素分析。随后采用主成分分析法对问卷进行探索性因素分析，结果显示，出现了 6 个特征根值大于 1 的因素，可以解释方差总变异的 56.87%。方差极大旋转后发现，第一个因素包括 11 个项目，第二个因素包含 5 个项目，第三个因素包含 5 个项目，第四个因素包含 2 个项目，第五个因素包含 2 个因素，第六个因素包含 1 个项目，所有项目的因素负荷都在 0.40 以上。研究者认为因素包含的项目少于 3 个的时候，因素的结构是不稳定的，因素分析是应该删除项目数少于 3 的因素及其所包含的项目。因此，我们删除了后面 3 个因素所包含的 5 个项目（ps1、ps2、ps6、ps14、ps15）。

为了使剩余的项目所组成的问卷更加稳定和有效，在随后的数据分析中我们采取了两种数据分析策略。首先，我们对剩余项目再次进行因素分析。使用主成分分析法，得到 4 个特征根值大于 1 的因素，可解释方差总变异的 54.96%，对所得因素进行方差极大旋转，所得各因素所包含项目及其因素负荷如表 3-7 所示。

表 3-7　旋转后因素矩阵

项目	因素 1	因素 2	因素 3	因素 4
ps8：提到我的时候，大多数人会想起一些不好的名称（如差学生）	0.68	0.32	0.03	0.03
ps11：大多数人认为我的言行举止像个差生	0.66	0.24	0.17	0.13
ps20：大多数人认为我遭到批评是理所当然的	0.66	0.03	0.19	0.37
ps12：大多数人都认为我在学习上很拖拉	0.62	0.09	0.20	0.16
ps26：大多数人（如老师和家长）认为我给他们带来了太多麻烦	0.63	0.25	0.15	0.14
ps13：其他同学的家长告诉他们不要和我在一起	0.63	0.22	0.04	0.10
ps18：大多数人认为我经常打架	0.61	0.07	0.07	0.14
ps16：大多数同学认为跟我一起玩是很没面子的	0.33	0.71	0.13	0.18

续表

项目	因素 1	因素 2	因素 3	因素 4
ps17：大多数人都看不起我	0.31	0.64	0.18	0.30
ps9：由于当前的学习成绩，其他人都在刻意疏远我	0.52	0.61	0.11	0.20
ps7：在安排座位时，其他同学都不愿意离我很近	0.47	0.57	0.13	0.17
ps4：大多数人都认为我将来能够找到一个理想的（好）工作	0.17	–0.06	0.73	0.13
ps10：大多数同学都很信任我	0.12	0.17	0.71	0.08
ps3：大多数人说我是一个上进的学生	0.31	–0.05	0.68	0.07
ps5：大多数人都愿意和我交往	0.03	0.42	0.65	0.18
ps24：大多数同学都很喜欢我	–0.03	0.45	0.58	0.07
ps19：大多数人认为我不够聪明	0.03	–0.03	0.15	0.78
ps25：大多数人只关注我的缺点忽略了我的优点	0.34	0.17	0.13	0.59
ps21：大多数同学不愿意别人将自己（他）和我相提并论	0.12	0.40	0.01	0.55
ps22：大多数人不喜欢别人把自己（他）和我当成一类人	0.30	0.40	0.11	0.53
ps23：大多数人对待我的方式很不礼貌	0.24	0.27	0.12	0.52

不难发现，所有项目的因素负荷均大于 0.40，并且没有因素包含的项目数少于 3 个，所以这次得到的问卷的因素结构是一个较为稳定的结构。

其次，使用 Cronbach（1951）提出的方法，检验删除每个项目后各因素内部一致性信度变化的情况。如删除某一项目后，该项目所对应的因素的内部一致性信度能够有显著的提高，就表示该项目影响了整个因素的稳定性，应该考虑删除（Cronbach，1951）。结果显示，4 个因素的内部一致性系数 α 分别为：因素 1（包含 ps8、ps11、ps20、ps12、ps26、ps13、ps18）的信度系数为 0.83，因素 2（包含 ps16、ps17、ps9、ps7）的信度系数为 0.84，因素 3（包含 ps4、ps12、ps3、ps5、ps24）的信度系数为 0.75，因素 4（包含 ps19、ps25、ps21、ps22、ps23）的信度系数为 0.72；并且，结果还表明，4 个因素中删除任何一个项目后，该维度的信度系数均没有显著的提高。这一结果表明，污名知觉的问卷的四因素模型是一个稳定且合理的结构。

2. 自我污名问卷的探索性因素分析

同样，使用初测问卷对自我污名问卷的项目进行 Bartlett 球形检验和 KMO 样本充分性检验，结果表明 $\chi^2 = 1279.34$，$p < 0.001$，KMO = 0.88。结果表明，

这些数据对自我污名问卷适合做探索性因素分析。采用主成分分析法和方差极大旋转法进行初步分析，发现特征根值大于 1 的因素有 2 个，可以解释总变异的 50.79%。结果还表明，所有项目的因素负荷分布在 0.49 ～ 0.76，第一个因素包含 7 个项目，第二个因素包含 5 个因素，两个因素包含的项目数均在 3 个以上，表明该问卷的两因素结构具有一定的稳定性。

随后，我们仍然使用 Cronbach（1951）提出的方法检验删除每个项目后问卷子维度内部一致性信度的变化。结果显示，第一个因素中删掉第七个项目（ss7）后，该子维度的 α 系数从 0.82 提高到 0.83；第二个维度删掉第三个项目（ss3）后 α 系数由 0.59 提升到 0.73。故此，为提高问卷的稳定性，剔除这两个项目。

剔除这两个项目后，对剩余的 10 个项目再次进行探索性因素分析。使用主成分分析法得到两个特征根值大于 1 的因素，可以解释总变异的 57.75%。方差极大旋转后个因素所包含的项目及其因素负荷如表 3-8 所示。

表 3-8 自我污名问卷旋转后的因素矩阵

项目	因素 1	因素 2
ss11. 由于当前的学习成绩，我感觉自己是一个一无是处的人	0.86	0.15
ss12. 当前的学习成绩使我感到自己的各方面能力都很差	0.79	0.13
ss10. 当前的学习成绩使我觉得自己是没有价值的	0.78	0.31
ss8. 当前的学习成绩使我变得非常消极	0.55	0.40
ss5. 当前的学习成绩让我感到自己低人一等	0.54	0.52
ss1. 由于当前的学习成绩，我降低了自己对各方面的期望	0.51	0.33
ss6. 当前的学习成绩使我感觉很好	–0.01	0.81
ss2. 当前的学习成绩使我感到很羞愧	0.35	0.74
ss4. 当前的学习成绩使我感觉很丢人	0.41	0.64
ss9. 由于当前的学习成绩，我对自己充满自信	0.36	0.53

对上面得到的两个因素进行信度分析的结果表明，因素 1（包括 ss11、ss12、ss10、ss5、ss8、ss1）的 α 系数为 0.83，删除任何一个项目后因素的 α 系数都没有提高；因素 2（包括 ss6、ss2、ss4、ss9）的 α 系数为 0.73，删除任一项目均不能提高内部一致性信度。

（三）验证性因素分析

经过项目分析和探索性因素分析，污名知觉问卷还剩 21 个项目，分布在 4 个因素上，自我污名问卷还剩 10 个项目，分布于两个因素上。为进一步验证两个问卷在探索性因素分析中得到的结构维度的跨样本稳定性和合理性，我们用再测样本群体对探索性因素分析得到的问卷结构进行验证性因素分析。

1. 污名知觉问卷的验证性因素分析

采用极大似然估计，对 21 个项目 4 个维度的污名知觉问卷进行了验证性因素分析。四因素结构模型的验证性因素分析结果表明，所有项目的标准化载荷均在 0.40 以上（0.44 ～ 0.73），都达到了显著水平。模型的修正指数表明，将第 13 个项目（原来的第 15 题，"其他同学的家长告诉他们不要和我在一起"）归入第二个因素可以使 χ^2 降低 29.86。将该项目归入第二个因素后，再次运行 LISREL，结果表明，除了每个项目的标准化载荷都达到了显著水平外，修正后大部分拟合指数均有提高，因此，我们取修正后的问卷的维度结构。修正前后各种拟合指数如表 3-9 所示。各项目标准化载荷因素结构如图 3-2 所示。

表 3-9　污名知觉问卷修正前后的各项拟合指数

项目	χ^2	df	χ^2/df	GFI	AGFI	CFI	NNFI	IFI	SRMR
修正前	592.44	183	3.24	0.91	0.89	0.96	0.95	0.96	0.052
修正后	550.58	183	3.01	0.92	0.89	0.96	0.96	0.96	0.051

根据每个因素所包含项目的内容，各子量表的命名如下：因素一主要反映的是青少年学生知觉到自己在多大程度上被消极刻板化，即在多大程度上知觉到被其他同学认为自己拥有学习不良相关的消极刻板特征，故命名为刻板知觉。因素二的项目主要反映的是青少年知觉到自己在多大程度上遭遇到了歧视，命名为歧视知觉。因素三包含了所有反向计分的题目，这与 Ritsher 等的研究相似，由于这些项目反映了青少年在多大程度上否认自己被污名化的倾向，他们将这一因素命名为污名阻抗（Ritsher et al.，2003）。参考这一命名方式，将因素三命名为污名阻抗。因素四主要反映的是青少年在多大程度上知觉到自己被当成不同的人，命名为认知区分。

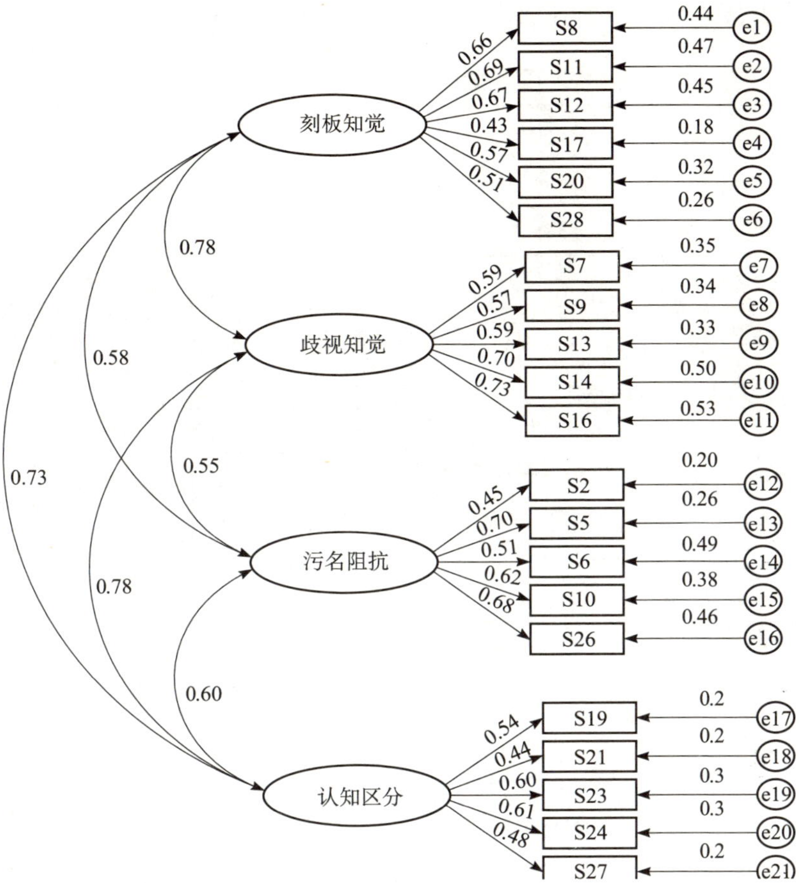

图 3-2　污名知觉问卷结构模型

2. 自我污名问卷的验证性因素分析

采用极大似然估计，对 10 个项目两个维度的自我污名问卷进行验证性因素分析。再测数据对探索性因素分析得到的两维度结构验证的结果表明，所有项目的标准化载荷都在 0.30 以上，均达到了显著水平。但是，模型修正指数表明，将问卷中的第 4 个项目（原来的 ss5，当前的学习成绩让我感到低人一等）归入第二个因素，可以使 χ^2 值降低 78.82。根据这一修正指数，我们将第四个项目划入第二个因素，重新进行验证性因素分析，结果表明修正后的模型大部分拟合指数均有提高，并且第二次验证性因素分析的修正指数表明，对模型进行任何修正都不能显著地降低 χ^2。同样，我们也取修正后的模型结构。修正前后各种拟合指数如表 3-10 所示，各项目标准化载荷因素结构如图 3-3 所示。

表 3-10 自我污名和问卷的拟合指数

	χ^2	*df*	χ^2/df	GFI	AGFI	CFI	NNFI	IFI	SRMR
修正前	263.01	34	7.74	0.92	0.86	0.94	0.92	0.94	0.062
修正后	203.29	34	5.98	0.93	0.89	0.96	0.94	0.96	0.055

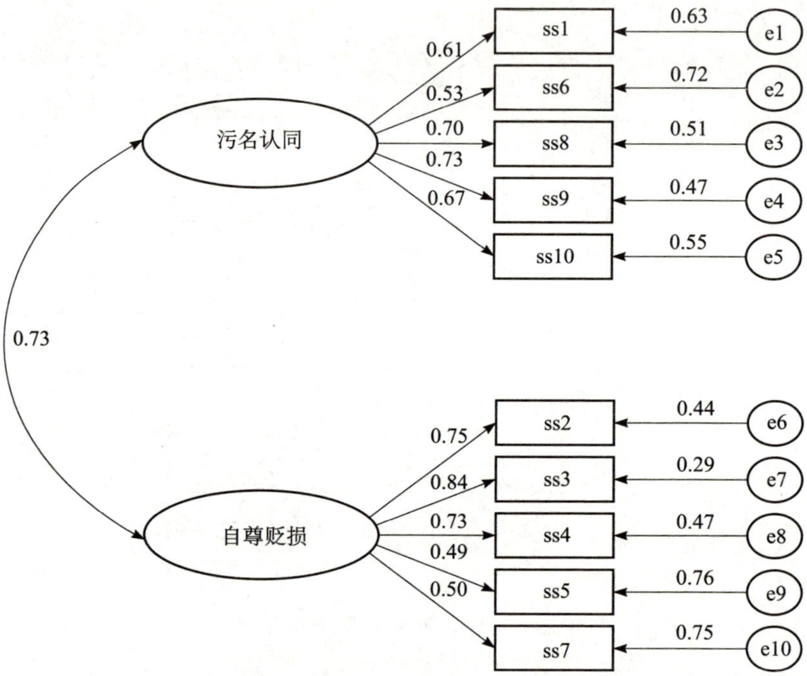

图 3-3 自我污名问卷结构模型

综上可知，自我污名问卷包含两个因素是稳定合理的。

根据每个因素中所包含项目的内容，因素一包括项目 ss9（原 ss11）、ss8（原 ss10）、ss6（原 ss8）、ss4（原 ss5）、ss1（原 ss1），主要反映的是由于知觉到的公众污名被试意识到刻板印象以及对这些刻板意识内化的程度，与自我污名成分中（Corrigan et al., 2006）的刻板认同和刻板内化相对应，故将这一因素命名为污名内化；因素二包括项目 ss2（原 ss2）、ss3（原 ss4）、ss5（原 ss6）、ss7（原 ss9）、ss10（原 ss12），反映的是内化刻板意识后自尊的降低或减弱，故命名为自尊贬损。

（四）信度分析

验证性因素分析的结果表明，污名知觉问卷由刻板印象、歧视、污名阻抗、认知区分 4 个维度构成，内部一致性系数 α 分别为 0.76、0.76、0.73、0.66，总量表信度为 0.88。删除任何一个项目都不能提高子量表和总量表的信度。自我污名由污名内化和自尊贬损两个维度构成，内部一致性系数 α 为 0.78 和 0.80，删除任何一个项目都不能提高子维度和总量表的信度。

（五）效度分析

1. 两个量表维度间以及维度与总分之间的相关

污名知觉问卷、自我污名问卷各维度之间以及各维度与总分之间的相关矩阵分别如表 3-11 和表 3-12 所示。

表 3-11　污名知觉问卷各维度之间的相关矩阵

项目	刻板印象	歧视	污名阻抗	认知区分	污名知觉总分
刻板印象	1	0.62**	0.44**	0.54**	0.85**
歧视	0.62**	1	0.41**	0.53**	0.79**
污名阻抗	0.44**	0.41**	1	0.41**	0.72**
认知区分	0.54**	0.54**	0.41**	1	0.79**
污名知觉总分	0.85**	0.79**	0.72**	0.79**	1

表 3-12　自我污名各维度之间的相关矩阵

项目	污名内化	自尊贬损	自我污名总分
污名内化	1	0.60**	0.87**
自尊贬损	0.60**	1	0.92**
自我污名总分	0.87**	0.92**	1

由这些表格可以看出，污名知觉问卷 4 个维度之间的相关系数在 0.41 ～ 0.61，各维度与总分之间的相关系数在 0.72 ～ 0.85。各维度之间的相关系数小于各维度与总分之间的相关系数表明，不同分维度既测量到了共同的心理特质，又相对独立地测量到了该特质（在本节中是指污名知觉）的不同方面。

同样，自我污名问卷的两个维度之间的相关系数为 0.60，分维度与总分的相关系数为 0.91 和 0.87，分维度之间的相关系数小于分维度与总分的相关系数，说明不同分维度所测的内容既有共同之处，又独立地测量到了所测特质的不同方面。

分维度之间及分维度与总分之间的相关分析结果表明，污名知觉问卷和自我污名问卷具有较高的结构效度。

2. 效标效度

以往污名知觉和自我污名问卷的开发中使用到了很多指标作为问卷的效标指标，其中应用得最多的两个指标是一般自尊和社会支持感（Berger et al., 2001；Emlet, 2005；Wright et al., 2007）。本节同样使用一般自尊和社会支持感为效标，通过检验污名知觉问卷的 4 个维度、自我污名问卷两个维度与一般自尊和社会支持的相关来考察问卷的效标效度。另外，由于本节关注的是学习不良相关污名知觉的测量，可能会与学生的学习成绩存在着紧密的联系，因此，学习成绩与两个问卷的相关也被作为一个重要的效度指标。污名知觉各子维度与一般自尊、社会支持和学习成绩的相关如表 3-13 所示。自我污名两个维度与一般自尊、社会支持和标准化学习成绩的相关如表 3-14 所示。

表 3-13　污名知觉与效标的相关

	刻板印象	歧视	污名阻抗	认知区分	污名知觉总分
一般自尊	−0.35**	−0.38**	−0.45**	−0.37**	−0.49**
社会支持	−0.38**	−0.33**	−0.46**	−0.37**	−0.49**
学习成绩	−0.36**	−0.28**	−0.22**	−0.15**	−0.32**

表 3-14　自我污名与效标的相关

	污名内化	自尊损耗	自我污名总分
一般自尊	−0.55**	−0.48**	−0.57**
社会支持	−0.36**	−0.30**	−0.32**
学习成绩	−0.31**	−0.33**	−0.36**

由以上结果不难发现，污名知觉和自我污名问卷的各子维度及总分与一般自尊、社会支持和标准化的学业成绩都存在显著的负相关。污名知觉越多，一般自尊越低，社会支持感越低，标准化学业成绩越低；同样，自我污名越多，一般自尊越低，社会支持感越低，标准化学业成绩越低。这些结果表明，新开发的污名知觉问卷和自我污名问卷具有较好的效标关联效度。

七、污名量表的结构及其信效度

（一）污名知觉量表的维度

对于公众污名的对象——被污名者而言，研究者都倾向于使用被污名者的污名知觉来衡量公众污名（Link et al.，1989，2001）。本节同样使用污名知觉来检验学习不良少年知觉到的公众污名。

本节在广泛回顾这些研究及污名概念相关理论的基础上，编制了 78 个项目测量青少年学生知觉到的自己由于学习成绩被污名化的水平。经过最初的内容效度分析、项目分析和初步的探索性因素分析，得到了 21 个项目，分布于 4 个维度上，为刻板知觉、歧视知觉、污名阻抗和认知区分。

（二）自我污名量表的维度

结合以往研究结果和青少年的实际情况，我们最初编制了 15 个项目测量青少年学生由于学习成绩不理想而知觉到的自我污名倾向的程度。通过内容分析、初测的因素分析和信度分析，删掉了其中的 5 个项目，最终保留了 10 个项目，平均分布于两个维度中：污名内化反映的是青少年认同消极刻板特征并认为这些消极刻板特征也同时适用于自身（刻板认同）的倾向；自尊贬损反映的是由于认同并内化学习不良学生的消极刻板特征，青少年学生的自尊受到消极影响的程度。

（三）污名知觉量表和自我污名量表的信度和效度

初测信度检验表明，污名知觉各分量表的内部一致性信度在 0.72 ～ 0.84，自我污名量表的两个维度的内部一致性信度分别为 0.83 和 0.73；在第二次测试中，两个量表的总信度分别为 0.88 和 0.86，各子量表的信度分布在 0.66 ～ 0.80。

为进一步检验初测中所得到的维度是否具有跨样本的稳定性，在随后的研究中，我们选用了由 573 名青少年学生组成的新样本，再次对两个量表的结构进行了验证性分析，同时检验了两个量表的效标关联效度。结果显示，可能是由于样本量相对于项目数较大造成自我污名的 χ^2/df 指标偏高外，两个量表维度模型的其他拟合指数（包括 χ^2、df、GFI、AGFI、CFI、NNFI、IFI、SRMR）都达到了优秀的水平。可见，两个问卷所得到的维度是合理的。另外，与自尊、社会支持和学业成绩的相关为两个量表的效标关联效度提供了有力支持。

总之，两次测试的所有结果都表明，污名知觉和自我污名问卷具有较好的信度和效度，在不同的研究中可以得到稳定可靠的研究数据，能够推广应用到其他研究中。

第三节 学习不良少年的污名化特点研究

一、研究假设

本节的目的是通过将学习不良学生和一般学生、优秀学生进行比较，来了解学习不良少年污名知觉和自我污名的水平，并检验污名知觉和自我污名的年级差异和性别差异。本节的假设为：

假设 1：学习不良学生的污名知觉和自我污名与非学习不良学生（一般学生和优秀学生）存在显著差异，学习不良学生的污名知觉和自我污名水平显著高于非学习不良学生。

假设 2：学习不良学生的污名知觉和自我污名存在年级差异，高年级学生的污名知觉和自我污名水平高于低年级学生。

假设 3：学习不良学生的污名知觉和自我污名存在性别差异。

二、研究方法

（一）被试

被试来自河北某中学初中一年级、二年级、三年级学生和北京市某初中二年级学生共 565 人，其中优秀学生 178 人，一般学生 198 人，学习不良学生 189 人；初一 182 人，初二 207 人，初三 176 人；男生 259 人，女生 291 人，未报告性别者 15 人。被试分布的详细信息如表 3-15 所示。

表 3-15　被试详细信息　　单位：人

年级	学习优秀学生		一般学生		学习不良学生	
	男	女	男	女	男	女
一年级	27	37	30	39	30	19
二年级	30	35	30	39	28	37
三年级	24	25	30	30	30	30

在本节中，学习不良学生按照整个研究的标准（详见第二章）从中学生群体中抽取。

优秀学生与学习不良学生相对应，选取主课成绩居全班上 10 个百分位（10%）以内，教师评定为“优秀学生”者。

一般学生是在选取优秀学生和学习不良学生后，随机选取与优秀学生和学习不良学生等量的学习成绩排名在前 10% 和后 10% 之间的学生。

（二）测量工具

采用自编的“污名知觉问卷”和“自我污名问卷”对被试进行试测，前面的研究已经证明该问卷具有良好的信度和效度。详细的信效度信息参见第一部分。

（三）研究程序

在教室内集体施测，施测结束后回收问卷并进行统计分析。

三、结果

（一）与理论平均值的比较

1. 污名知觉

有研究者将测量工具量尺的中间值看作是所要测量特质的在理论上的平均水平，然后将被试所得成绩与理论平均值进行比较获得某群体相应心理特质水平的一个大概情形（Luoma et al.，2007）。本节同样使用这一方法比较了不同学业成就水平学生的污名知觉和自我污名得分与理论平均值的差异。在本节中，两个问卷使用的都是 4 点量表，中间值为 2.5。因此，2.5 可以看成是本节中污名知觉和自我污名的理论平均值。

本节首先计算了每个被试在各个子量表的平均分，计算的公式为：子量表平均分 = 子量表总分 / 子量表项目的个数。

不同类型学生污名知觉 4 个维度的平均分与理论平均值差异比较的 t 值如表 3-16 所示。

表 3-16 三类学生污名知觉与理论平均值的比较

项目	优秀学生			一般学生			学习不良学生		
	M	*SD*	*t*	*M*	*SD*	*t*	*M*	*SD*	*t*
刻板	1.33	0.38	40.94***	1.47	0.46	31.24***	1.94	0.69	11.19***
歧视	1.18	0.30	58.79***	1.22	0.33	54.77***	1.59	0.68	18.27***
阻抗	1.86	0.53	16.16***	1.95	0.54	14.27***	2.20	0.68	6.06***
区分	1.62	0.52	22.34***	1.68	0.48	23.92***	1.92	0.66	12.15***
总量表	1.49	0.34	40.12***	1.58	0.33	38.98***	1.91	0.55	14.72***

注：刻板 = 刻板知觉，歧视 = 歧视知觉，阻抗 = 污名阻抗，区分 = 认知区分；以下同

由表 3-16 不难发现，污名知觉的 4 个维度上 3 类学生的得分显著低于理论平均水平，表明无论被试学习成绩好坏与否，知觉到的污名水平都远远低于理论水平。这一结果很可能是由于学习不良污名化的水平不高，也就是说，与其他污名化群体相比，学习不良学生并没有被社会文化严重污名化。

2. 自我污名

同样，我们也比较了青少年学生报告的自我污名水平与理论平均值的差异，结果如表 3-17 所示。

表 3-17 三类学生自我污名与理论平均值的比较

项目	优秀学生			一般学生			学习不良学生		
	M	*SD*	*t*	*M*	*SD*	*t*	*M*	*SD*	*t*
内化	1.38	0.49	30.58***	1.67	0.65	17.95***	2.01	0.77	8.78***
贬损	1.90	0.70	11.39***	2.36	0.75	2.64**	2.56	0.75	−1.11
总量表	1.64	0.52	22.15***	2.02	0.62	10.98***	2.28	0.68	4.37**

注：内化 = 污名内化，贬损 = 尊贬损

结果显示，优秀学生和一般学生在两个维度的平均值均显著低于理论平均水平，学习不良学生的污名内化（M=2.01）也低于理论平均值（t = 8.78，p< 0.001）。但是在自尊贬损维度上，学习不良学生的平均分与理论平均水平没有显著差异（略高于理论平均水平）。这一结果可能是由于受到低学业成就的威胁，学习不良学生内化了社会文化的消极观点，自信心受到了严峻的挑战，自尊水平降低造成的。

（二）污名知觉的特点

1. 三类学生污名知觉的比较

为检验不同年级、不同性别及不同学业成绩水平学生之间污名知觉的差异，我们以污名知觉的 4 个维度为因变量，进行了 3（学生类型）× 2（性别）× 3（年级）的多元方差分析。不同年级和性别优秀学生、一般学生和学习不良学生在污名知觉 4 个维度上的得分如表 3-18 所示。

多元方差分析的结果表明，年级主效应显著［F（8，1060）= 3.18，p < 0.001］；性别主效应显著［F（4，529）= 6.76，p < 0.001］；学生类型主效应显著［F（8，1060）= 15.40，p < 0.001］；各自变量之间的交互作用均不显著，F 均小于 1.60，p 均大于 0.08。

表 3-18　不同类型学生污名知觉各维度得分：*M*（*SD*）

项目		优秀学生		一般学生		学习不良学生	
		男	女	男	女	男	女
刻板	初一	8.86（2.51）	7.61（1.58）	9.00（2.52）	8.00（1.91）	11.29（3.46）	10.72（4.60）
	初二	8.21（2.60）	7.25（1.67）	9.87（3.03）	8.28（3.28）	12.42（4.47）	12.45（4.28）
	初三	8.83（2.78）	7.48（2.38）	9.56（2.30）	8.67（2.47）	13.17（4.30）	9.43（3.05）
歧视	初一	6.09（1.70）	6.05（1.58）	6.27（1.57）	5.85（1.50）	7.60（3.06）	7.42（3.83）
	初二	6.13（1.72）	5.55（1.24）	7.07（1.96）	5.67（1.44）	9.04（3.55）	9.19（4.07）
	初三	5.92（1.38）	5.63（1.30）	6.27（1.57）	5.83（1.53）	7.77（2.66）	6.67（2.87）
阻抗	初一	9.86（2.90）	9.41（2.23）	10.60（2.92）	10.26（3.06）	11.10（2.88）	11.09（3.05）
	初二	9.63（3.23）	9.03（2.37）	10.43（2.37）	8.95（2.83）	11.98（3.52）	11.92（3.59）
	初三	9.89（2.69）	7.88（2.16）	9.53（2.16）	8.88（2.18）	10.57（3.44）	10.01（3.54）
区分	初一	9.00（3.05）	7.77（2.31）	8.62（2.80）	8.67（2.18）	9.90（2.59）	8.37（2.75）
	初二	8.80（2.83）	7.49（2.27）	9.47（2.61）	7.56（2.51）	9.75（3.12）	10.62（4.14）
	初三	8.29（2.82）	7.59（2.30）	8.43（1.99）	7.66（2.01）	10.07（3.52）	8.37（2.91）

注：刻板 = 刻板知觉，歧视 = 歧视知觉，阻抗 = 污名阻抗，区分 = 认知区分

不同年级学生的污名知觉，如图 3-4 所示。对于年级主效应，歧视知觉和污名阻抗两个维度达到了显著水平。其中，三个年级歧视知觉维度的差异检验值为 $F(2, 532) = 5.46$，$p < 0.01$，二年级学生的平均分（$M = 7.11$）显著高于一年级（$M=6.55$）和三年级学生（$M = 6.35$）（$p < 0.05$ 和 $p < 0.01$），一年级学生和三年级学生没有显著差异（$p > 0.40$）。在污名阻抗维度，$F(2, 532) = 5.57$，$p < 0.01$，一、二年级学生的平均分（M 分别为 10.39 和 10.32）显著高于三年级学生的平均分（$M = 9.46$），p 值均小于 0.01；一年级和二年级学生之间没有显著差异。

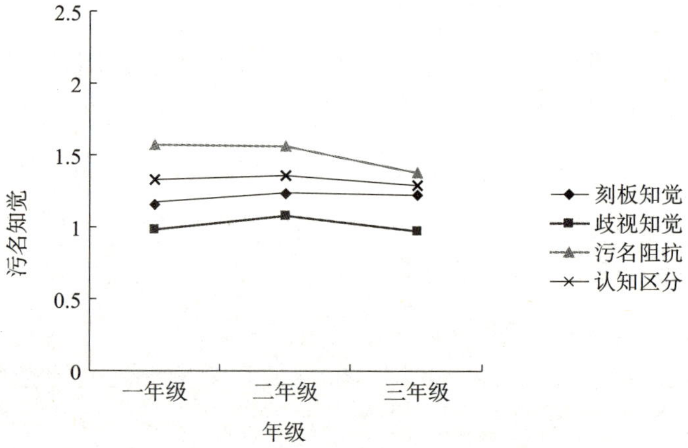

图 3-4 不同年级学生的污名知觉

对于性别主效应，在污名知觉的 4 个维度上的性别差异均达到了显著水平，男生在刻板知觉（$M =10.13$）、歧视知觉（$M =6.90$）、污名阻抗（$M =10.40$）、认知区分（$M =9.15$）等 4 个维度的得分均显著高于女生（M 分别为 8.88、6.43、9.71、8.23），$F(1, 532)$ 的值分别为 22.31、5.79、7.59、14.68，p 均小于 0.01。

对于学生类型主效应，污名知觉的 4 个维度都达到了显著水平，如图 3-5 所示。其中，刻板知觉维度，3 类学生的差异检验值为 $F(2, 532) = 61.54$，$p < 0.001$，学习不良学生得分（$M = 11.58$）显著高于一般学生（$M = 8.90$）和优秀学生（$M = 8.04$），一般学生也显著高于优秀学生（$p < 0.01$）。对于歧视维度［$F(2, 532) = 40.72$，$p < 0.001$］，学习不良学生得分（$M = 7.95$）显著高于一般学生（$M = 6.19$）和优秀学生（$M = 5.89$），p 均小于 0.001，一般学生和优秀学生之间没有显著差异，（$p > 0.20$）；对于污名阻抗维度［$F(2, 532) =$

18.28，$p < 0.001$]，学习不良学生的得分（M =11.11）显著高于一般学生（M = 9.78）和优秀学生（M = 9.28）（$p < 0.001$），一般学生和优秀学生之间没有显著差异（$p > 0.10$）；在认知区分维度[F（2，532）= 11.74，$p < 0.001$]，学习不良学生（M = 9.51）显著高于一般学生（M = 8.40）和优秀学生（M = 8.16）（$p < 0.001$），一般学生和优秀学生没有显著差异（$p > 0.30$）。

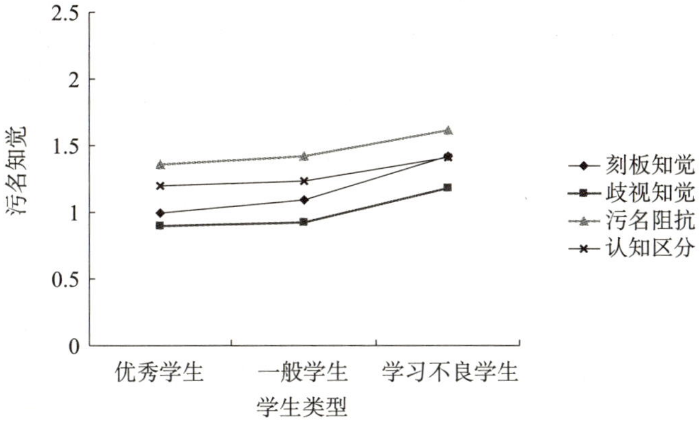

图 3-5 不同类型学生的污名知觉

由以上结果不难发现，学习不良学生在污名知觉的 4 个维度上的得分均显著高于一般学生和优秀学生。同时，在 3 个维度上（歧视知觉、污名阻抗和认知区分）一般学生和优秀学生之间没有显著差异。这一结果表明，学习不良学生知觉到的污名多于非学习不良学生（一般学生和优秀学生）。也就是说，与非学习不良学生相比，学习不良学生明显地知觉到自己由于低学习成绩而被污名化。被污名化的感觉只存在于学习不良学生中，具有群体特定性。

2. 学习不良学生污名知觉的特点

以年级和性别为自变量，对污名知觉的 4 个维度进行多元方差分析，检验了学习不良学生污名知觉 4 个维度的特点。不同年级、不同性别学习不良学生的污名知觉的得分如表 3-18 所示。

方差分析结果表明，年级主效应边缘显著[F（8，332）= 1.88，$p < 0.07$]，年级和性别的交互作用边缘显著[F（8，1060）= 1.85，$p < 0.07$]。

进一步分析表明，年级主效应体现在歧视知觉和污名阻抗两个维度上。对于歧视知觉维度［$F(2, 168) = 5.56$，$p < 0.01$］，二年级得分（$M = 9.11$）显著高于一年级（$M = 7.51$）和三年级（$M = 7.22$）（$p < 0.05$ 和 $p < 0.01$），一年级和三年级没有显著差异；对于污名阻抗维度［$F(2, 168) = 3.76$，$p < 0.05$］，二年级得分（$M = 11.95$）显著高于三年级［（$M = 10.28$），$p < 0.01$］，一年级（$M = 11.10$）与二年级和三年级没有显著差异（$p > 0.10$）。

年级和性别的交互作用主要体现在刻板知觉和认知区分两个维度。其中，在刻板知觉维度［$F(2, 168) = 3.76$，$p < 0.05$］，三年级男学习不良学生的得分（$M = 13.17$）显著高于女生（$M = 9.43$）［$t = 3.88$，$p < 0.001$］；在认知区分维度［$F(2, 168) = 2.89$，$p < 0.06$（边缘显著）］，三年级男学习不良学生得分（$M = 10.07$）高于女学生（$M = 8.37$）［$t = 2.04$，$p < 0.05$］。

这些结果表明，不同年级、不同性别学习不良学生污名知觉的程度是有所不同的。二年级学习不良学生对歧视知觉和污名阻抗的知觉多于一年级和三年级学生，三年级男生知觉到的污名（主要体现在刻板知觉和认知区分两个维度上）要多于学习不良女生。

（三）自我污名的特点

1. 学习不良学生与非学习不良学生自我污名知觉的比较

对自我污名的两个维度进行 2（性别）×3（年级）×3（学生类型）的多元方差分析，不同类型、不同性别和不同年级学生自我污名的平均分如表 3-19 所示。

表 3-19 不同类型学生自我污名得分：M（SD）

项目		优秀学生		一般学生		学习不良学生	
		男	女	男	女	男	女
污名内化	初一	6.70（2.54）	6.53（1.71）	8.47（3.45）	8.92（2.88）	9.43（3.46）	8.89（3.36）
	初二	7.73（3.72）	6.49（1.74）	9.20（3.42）	7.54（3.20）	11.71（4.81）	11.03（4.08）
	初三	7.17（2.62）	6.60（1.92）	8.68（3.37）	7.50（3.00）	10.57（3.72）	8.10（2.82）
自尊贬损	初一	9.11（3.34）	9.40（3.34）	11.15（4.16）	11.23（3.52）	12.13（4.08）	11.42（4.18）
	初二	9.50（3.62）	8.00（3.02）	12.53（2.97）	11.21（4.25）	14.25（3.72）	12.65（3.30）
	初三	11.13（4.09）	10.68（3.06）	12.43（3.83）	12.56（3.54）	13.50（4.01）	12.23（3.44）

多元方差分析的结果表明，年级主效应显著［$F(4, 1064) = 7.60$，

$p < 0.001$]；性别主效应显著 [$F(2, 531) = 5.73$, $p < 0.01$]；学生类型主效应显著 [$F(4, 1064) = 22.53$, $p < 0.001$]；年级和学生类型的交互作用显著 [$F(8, 1064) = 2.37$, $p < 0.05$]。

不同年级学生自我污名的得分如图 3-6 所示。对于年级主效应，自我污名的两个维度均达到了显著水平。其中，对于污名内化维度 [$F(2, 532) = 3.90$, $p < 0.05$]，二年级学生得分（$M = 8.95$）显著高于一年级（$M = 8.20$）和三年级（$M = 8.10$）（$p < 0.05$）；对于自尊贬损维度 [$F(2, 532) = 5.82$, $p < 0.01$]，三年级学生得分（$M = 12.09$）显著高于一年级学生（$M = 10.74$）和二年级学生（$M = 11.36$）[$p < 0.001$ 和 $p < 0.06$（边缘）]。

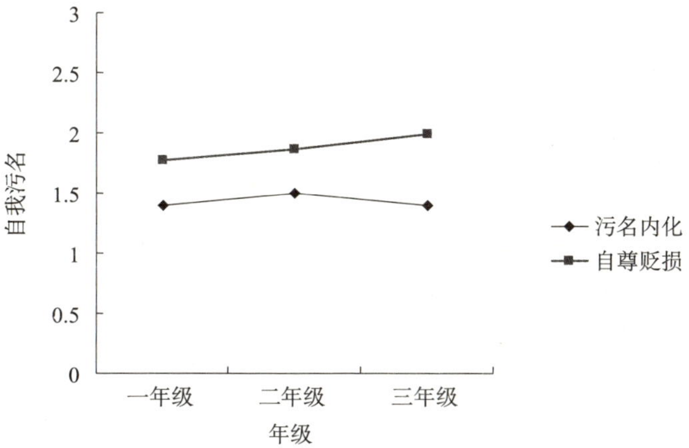

图 3-6 不同年级学生的自我污名

对于性别主效应，自我污名的两个维度也都达到了显著水平，关于污名内化，$F(1, 532) = 11.31$, $p < 0.001$；关于自尊贬损，$F(1, 532) = 4.99$, $p < 0.05$；两个维度男生得分（污名内化 $M = 8.88$；自尊贬损 $M = 11.75$）显著高于女生（污名内化 $M = 7.96$；自尊贬损 $M = 11.04$），表明与女生相比，男生有更多的自我污名。

不同类型学生的自我污名水平如图 3-7 所示。学生类型主效应也表现在了自我污名的两个维度上。关于污名内化维度 [$F(2, 532) = 38.61$, $p < 0.001$]，学习不良学生（$M = 9.96$）显著高于一般学生（$M = 8.38$）和优秀学生（$M = 6.92$）（$p < 0.001$），一般学生显著高于优秀学生（$p < 0.001$）；关于自尊贬损维度 [$F(2, 532) = 32.42$, $p < 0.001$]，学习不良学生（$M = 12.70$）显著高于

一般学生（$M = 11.85$）和优秀学生（$M = 9.64$）（$p < 0.001$），一般学生显著高于学习不良学生（$p < 0.001$）。这一结果表明，自我污名的水平随着学习成绩的升高而降低。

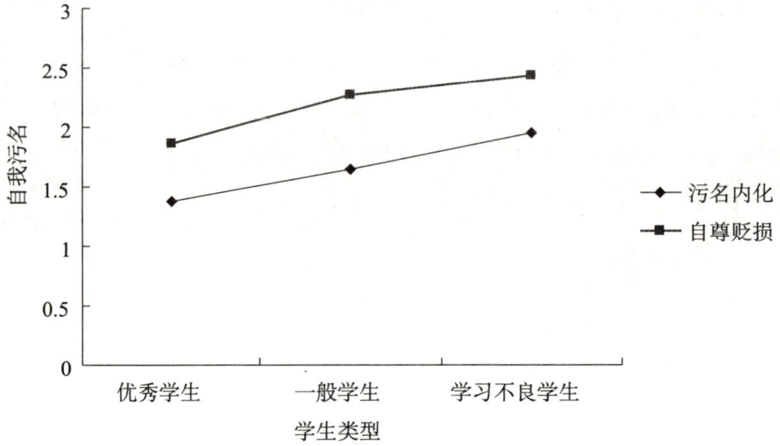

图 3-7 不同成绩水平学生的自我污名

对于年级和学生类型的交互作用，如图 3-8 和图 3-9 所示，自我污名的两个维度也都达到了显著水平，其中污名内化维度为 $F(4, 532) = 2.94$，$p < 0.05$；简单效应分析的结果显示，一年级 3 类学生的差异显著［$F(2, 179) = 12.48$，$p < 0.001$］；学习不良学生（$M = 9.22$）和一般学生（$M = 8.73$）显著高于优秀学生（$M = 6.73$）；二年级 3 类学生的差异显著［$F(2, 204) = 24.88$，$p < 0.001$］，学习不良学生的分数（$M = 11.19$）显著高于一般学生（$M = 8.26$）和优秀学生（$M = 7.06$）；三年级学生差异显著［$F(2, 173) = 9.14$，$p < 0.001$］，学习不良学生（$M = 9.36$）显著高于一般学生（$M = 8.09$）和优秀生（$M = 6.88$），一般学生显著高于优秀学生（$p < 0.05$）。

自尊贬损维度为 $F(4, 532) = 2.37$，$p < 0.06$（边缘显著）。一年级学生差异显著［$F(2, 179) = 7.68$，$p < 0.001$］，学习不良学生（$M = 11.86$）和一般生（$M = 11.20$）显著高于优秀学生（$M = 9.28$）［$p < 0.001$ 和 $p < 0.01$］；二年级学生差异显著［$F(2, 204) = 32.03$，$p < 0.001$］，学习不良学生（$M = 13.49$）显著高于一般学生（$M = 11.78$）和优秀学生（$M = 8.69$）（$p < 0.05$ 和 $p < 0.001$），一般学生高于优秀学生（$p < 0.001$）；三年级差异显著［$F(2, 173) = 4.02$，

$p < 0.05$]；学习不良学生（$M = 12.75$）和一般学生（$M = 12.50$）显著高于优秀学生（$M = 10.90$）($p < 0.01$ 和 0.05)。

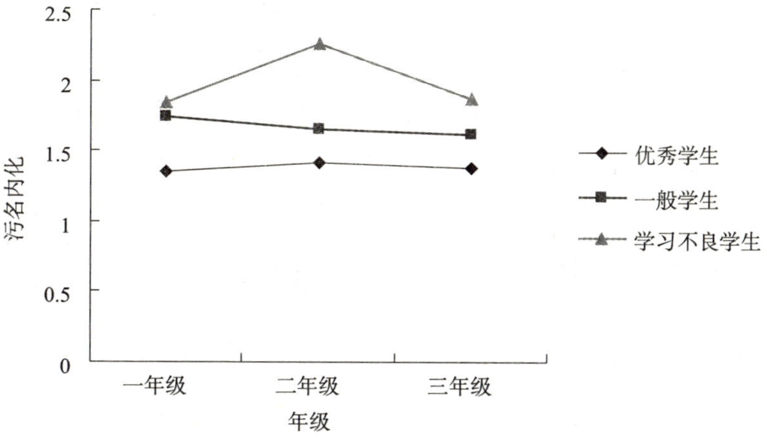

图 3-8　污名内化年级和学生类型的交互作用

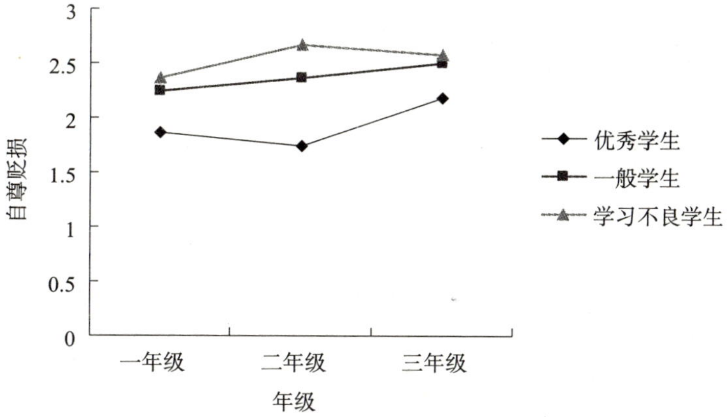

图 3-9　自尊贬损年级和学生类型的交互作用

2. 学习不良学生自我污名的特点

同样以性别和学生类型为自变量，对学习不良学生自我污名的两个维度进行多元方差分析。结果显示，总体上，年级主效应显著［$F(4, 436) = 3.77$，$p < 0.01$］，性别主效应显著［$F(2, 167) = 2.72$，$p < 0.07$（边缘显著）］。

年级主效应主要表现在污名内化维度［$F(2, 168) = 6.23$，$p < 0.01$］。二年级学生（$M = 11.37$）显著高于一年级学生（$M = 9.16$）和三年级学生（$M =$

9.33)($p < 0.01$)，一年级学生和三年级学生没有显著差异。

两个维度的性别主效应都显著。其中对于污名内化维度［$F(1, 168) = 4.42$］，男生得分（$M = 10.57$）高于女生（$M = 9.34$）($p < 0.05$)；对于自尊贬损维度［$F(1, 168) = 4.21$，$p < 0.05$］，男生得分（$M = 13.29$）显著高于女生（$M = 12.10$）。自我污名的性别差异表明，与女学习不良学生相比，学习不良男生由于学习成绩低有着更多的自我污名。

四、学习不良少年污名化的特点

本节将污名知觉问卷和自我污名问卷施测于优秀学生、一般学生和学习不良学生，一方面考察了3类学生与理论平均水平的差异，另一方面也比较了3类学生污名知觉和自我污名的差异以及不同年级、不同性别学习不良学生污名化的特点。通过一系列的数据分析，主要得出了以下结论。

1）3类学生污名知觉和自我污名的得分都显著低于理论平均水平（学习不良学生的自尊贬损维度除外）。

2）学习不良少年的污名知觉4个维度得分都显著高于优秀学生和一般学生，并且优秀学生在歧视知觉、污名阻抗和认知区分3个维度上的得分和一般学生没有显著差异，一般学生刻板知觉的得分显著高于优秀学生。

3）学习不良少年自我污名两个维度的得分都显著高于优秀学生和一般学生，并且一般学生自我污名两个维度的得分都显著高于优秀学生。

4）二年级学习不良学生的歧视知觉和污名阻抗得分高于一年级和三年级学习不良学生，三年级学习不良男生刻板知觉和认知区分的得分显著高于女生。

5）学习不良男生自我污名两个维度的得分显著高于学习不良女生，二年级学习不良学生的自我污名得分显著高于一年级和三年级学习不良学生（主要体现在污名内化维度）。

第四章

污名对学习不良少年的影响

第一节　污名对学习不良少年学业目标的影响

一、污名效应与动机的关系

本节以学习不良少年为研究对象，检验学习不良相关污名的知觉对学习不良少年学业目标的影响。以往的研究表明，污名知觉通过自我污名等一系列的中介变量影响污名的行为目标或动机（Mak et al.，2007；Vogel et al.，2007），也有研究认为污名直接影响个体的行为目标（Andreasen et al.，1995；Glynn，1998）。根据以往研究文献和实际研究情况，污名对学习不良少年学习动机的影响模式，可能存在着直接效应模型和中介效应模型，对于直接效应模型，本节作出以下假设。

假设 1：污名知觉直接影响学业目标，路径如图 4-1 所示。

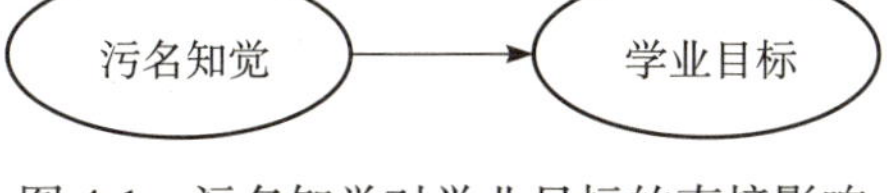

图 4-1　污名知觉对学业目标的直接影响

对于间接效应模型，本节选取了自我污名和学业效能感作为中介变量。这两个变量的选取，基于以下研究证据。

众所周知，自我效能感对学习动机有着明显的预测作用（张林和张向葵，2003；张学民和申继亮，2002）。Harter 等的研究表明（Bandura，1988；Harter & Connell，1984），个体的能力知觉（自我效能感）与学习动机之间存在因果关系，能力知觉强（自我效能感高）会激发个体的动机水平，而能力知觉差则会降低动机水平；自我效能感高的个体倾向于选择具有挑战性的任务；而自我效能感低的人则愿意选择容易的任务。也就是说，自我效能感是影响动机（尤其是学习动机）的重要因素之一（张学民和申继亮，2002）。来自大学生（周琰和王学臣，2008）、护理高职生（郭瑛等，2007）、中学生群体（张学民和申继亮，2002）的研究证据普遍支持了这一论断。因此，在研究对学业动机产生影响的路径模型中，学业效能感是不容忽视的重要变量之一。

要探索污名知觉对学业动机的影响，除了要关注学业效能感以外，还要关注将污名知觉和学业效能感联系在一起的另一种重要变量——自我污名。前面也已经提到，自我污名是对公众污名的认同和内化，能够引起自我效能感的降低。特定的学习不良相关污名所引起的自我污名，必然会影响到学业效能感。基于这些变量之间的密切关系，本节将自我污名和学业效能感作为学习不良相关污名知觉对学业动机产生影响的两个中介变量，来探讨污名知觉影响学业动机的中介模型。

综上所述，不难发现下面的几个变量之间的联系：①自我污名与污名知觉紧密联系；②自我污名又会导致一般效能感降低；③学业效能感影响学生的学业动机。基于这些结果，要研究学习不良污名知觉对学业目标的中介影响，自我污名和学业效能感很可能是两个最重要的中介变量，因此，本节选定自我污名和学业效能感作为中介变量，作出研究假设 2。

假设 2：污名知觉通过自我污名、学业效能感两个变量影响学业目标；根据以往污名知觉和自我污名关系的研究，这里又可以衍生出两个假设。

假设 2a：污名知觉通过自我污名影响学业效能感，进而影响学业目标，路径如图 4-2 所示。

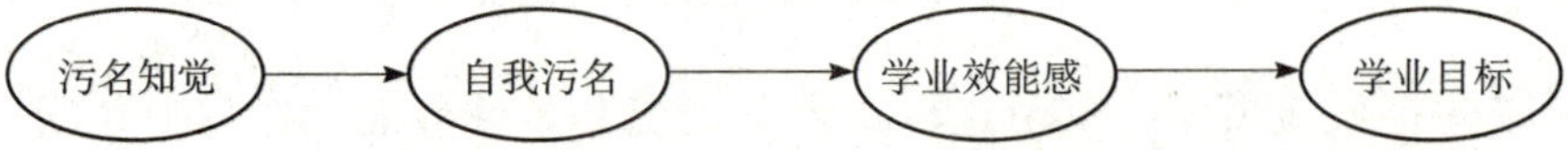

图 4-2　污名对学业目标的间接影响（a）

假设 2b：污名知觉和自我污名相互影响，两者共同影响学业效能感，最终影响学业目标，路径图如图 4-3 所示。

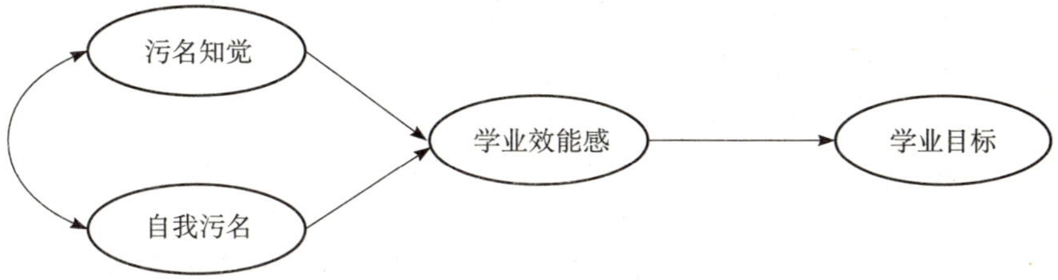

图 4-3 污名对学业目标的间接影响（b）

二、研究方法

（一）被试

被试来自河北某中学初二、初三年级以及北京市某中学初二年级的学习不良少年共186人，其中初二年级90人，初三年级96人；男生101人，女生51人，未报告性别者 34 人。

（二）研究工具

1. 污名知觉问卷

污名知觉问卷信度和效度的详细信息见前面部分。在本节中，总量表的内部一致性系数为0.91，4 个维度的内部一致性信度分别为：刻板知觉为 $\alpha = 0.77$，歧视知觉为 $\alpha = 0.78$，污名阻抗为 $\alpha = 0.77$，认知区分为 $\alpha = 0.73$。

2. 自我污名问卷

自我污名问卷的信度和效度信息见前面部分。在本节中，总量表信度为 $\alpha = 0.84$，两个维度的内部一致性信度分别为：污名认同为 $\alpha = 0.82$，自尊贬损为 $\alpha = 0.71$。

3. 学业效能感问卷

学业效能感问卷来自于 PALS 中的学业效能感分量表（academic efficacy），

共包括 5 个项目（详见附录），测量学生克服困难、完成课程要求的自信程度。原手册中报告的内部一致性系数 α 为 0.78，在董妍的研究中，该量表内部一致性信度为 0.79，表明具有较高的信度（董妍，2006）。本节计算所得的 Cronbach 信度系数 α 为 0.77。

4. 成就目标问卷

自从心理学家提出动机的层级模型之后，目标被认为是抽象的动机定向的具体表征（Elliot & Church，1997）。本节使用 Elliot 等的成就目标问卷来测量学习不良少年的学业动机（详见附录）。该问卷包括 12 个项目，平均分布于 4 个维度（掌握接近目标、掌握避免目标、成绩接近目标、成就避免目标）。其中，掌握接近目标测量学生将目标主要集中于学习和理解的倾向，分数高表示努力使自己去理解所学知识的倾向越明显；掌握避免目标测量学生是否关心自己是不是最好，尽力避免没有全面理解材料或者避免不能实现自己设定的标准，分数高表示学生试图避免没有理解知识的倾向越强；成绩接近目标测量学生使用比较的方法来看自己是否超过了别人的倾向；而成绩避免目标则是测量学生试图避免在比较中别人认为自己太笨或者没有竞争力的倾向（Elliot & McGregor，2001）。Elliot 和 Mcgregor 等的研究显示，该问卷具有较高的信度和效度，验证性因素分析显示了该量表具有较好的结构。在本节中，各分量表的内部一致性系数 α 分别为：掌握接近目标为 0.73，掌握避免目标为 0.67，成绩接近目标为 0.65，成就避免目标为 0.62。

（三）研究程序

在教室内集体施测，施测结束后，回收问卷并输入计算机进行数据分析。

（四）数据处理

输入计算机，剔除不完整问卷，随后用 SPSS15.0 和 LISREL8.70 软件进行数据分析。

三、研究结果

（一）直接影响模型的检验

本节使用 LISREL 软件对直接影响模型（模型一）进行了验证，模型的各种拟合指数如表 4-4 所示，影响路径图如图 4-4 所示。

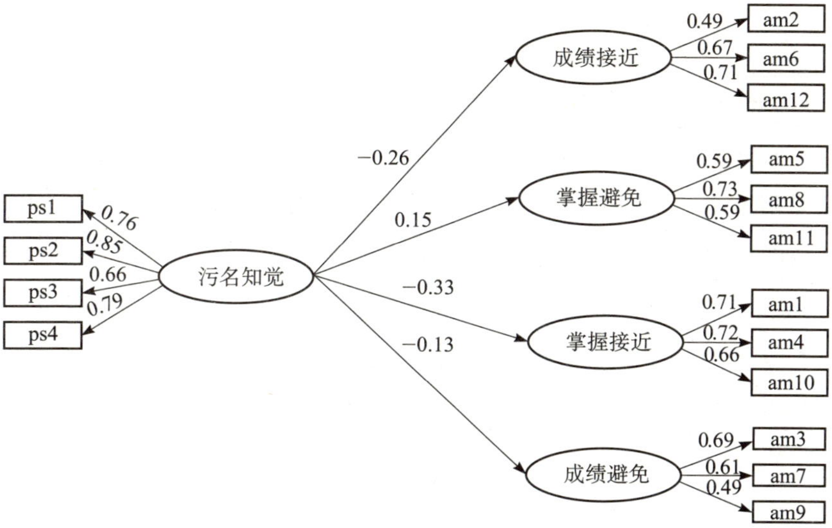

图 4-4 模型一的路径图

注：am1、am2、am3、am4、am5、am6、am7、am8、am9、am10、am11、am12 分别为学业目标问卷的 12 个项目，ps1、ps2、ps3、ps4 分别为刻板知觉、歧视知觉、污名阻抗和认知区分。以下同

根据模型的拟合指标可以看出，模型一的各种拟合指标都不理想，故放弃模型一，即污名知觉不是学业目标的有效预测指标，学习不良相关污名不对学业目标的产生直接影响。

（二）间接影响模型的检验

1. 污名知觉、自我污名、学业效能感和4种学业目标的相关分析

为检验学习不良污名对学业目标的影响，我们首先对污名知觉、自我污名、学业效能感和学业目标几个变量进行了相关分析，结果如表 4-1 所示。

表 4-1 研究变量之间的相关

项目	1	2	3	4	5	6	7
1. 自我污名	1						
2. 污名知觉	0.65**	1					
3. 学业效能感	−0.34**	−0.38**	1				
4. 成绩接近	−0.11	−0.20**	0.41**	1			
5. 掌握避免	0.34**	0.17*	0.01	0.36**	1		
6. 掌握接近	−0.17*	−0.25**	0.44**	0.59**	0.37**	1	
7. 成绩避免	0.01	−0.09	0.16*	0.34**	0.46**	0.36**	1

相关分析结果显示，污名知觉与 3 种学业目标（成绩接近目标、掌握避免目标和掌握接近目标）存在显著负相关（p 分别为 0.007、0.02 和 0.001），自我污名与两种学业目标（掌握避免、掌握接近）呈负相关（p 分别为 0.0001 和 0.02）。污名知觉和自我污名与学业效能感呈负相关（p 均小于 0.001）；学业效能感与 3 种学业目标（成绩接近、掌握接近、成绩避免）呈正相关（p 分别小于 0.001、0.001、0.05），与掌握避免目标不相关（$p > 0.90$）。

以往的研究表明，如果一个变量与自变量或者因变量相关不大，它不太可能成为中介变量（温忠麟等，2005）。由于本节中学业效能感与掌握回避目标并不存在相关，所以学业效能感不大可能成为污名对学业目标影响的中介变量，因此在随后检验间接影响的路径分析中，删除了学业效能感到掌握避免目标的路径，即在随后的潜变量路径分析中，不再将掌握避免目标纳入到模型分析中，只探索学习不良污名知觉对成就接近目标、成绩避免目标和掌握接近目标的中介影响模型。

2. 学业效能感的中介效应分析

根据前面的文献分析，由于学业效能感很可能是学习不良污名对学业目标产生影响的重要中介变量，因此，作为验证间接模型的基础，本节首先检验了学业效能感的中介效应。

根据温忠麟等（2005）提出的检验中介效应的方法，学业效能感在学习不良污名（污名知觉和自我污名）对学业目标影响的各种效应值如表 4-2 所示。

表 4-2　学业效能感的各种效应值

路径		中介效应	直接效应	总效应	中介效应 / 总效应
污名知觉	成绩接近	0.0398	−0.013	0.0528	0.754
	掌握接近	0.0376	−0.022	0.0596	0.631
	成绩避免	0.0148	−0.008	0.022	0.649
自我污名	成绩接近	0.0653	0.017	0.0823	0.794
	掌握接近	0.0637	−0.009	0.0727	0.876
	成绩避免	0.0289	0.032	0.0609	0.475

注：中介效应 = 污名（污名知觉或自我污名）对学业效能感的回归系数 × 学业效能感对学业目标的回归系数；直接效应 = 不包含学业效能感时污名（污名知觉或自我污名）对学业目标的回归系数；总效应 = 直接效应 + 中介效应

中介效应检验的结果显示，学业效能感在污名知觉和自我污名对学业目标的影响中占到总效应的 47.5% ～ 87.6%，几乎全部占到了总效应的一半以上（自我污名到成绩避免的路径除外），因此，学业效能感的中介效应是显著的，学业效能感可以作为污名影响学业目标的显著中介变量。

3. 测量模型的参数估计

与前面的中介效应分析不同，在随后结构方程模型中我们使用了潜变量的路径分析，因此，在分析模型之前，有必要检验各潜变量的测量是否有效和理想。本节检验潜变量的观测指标中，污名知觉包括刻板知觉、歧视知觉、污名阻抗和认知区分 4 个观测变量；自我污名包括污名认同、自尊贬损两个观测变量；学业效能感直接使用其量表 5 个项目的总分作为观测变量；各学业成绩目标所包含的测量项目为其各自的观测变量。各观测变量对应潜变量的各种参数如表 4-3 所示。

由表 4-3 可知，测量模型的各种非标准化参数估计和标准化参数估计均比较理想，说明该研究的测量模型是有效的。

4. 中介效应模型

根据以往的研究以及上面的中介效应检验的结果，学习不良污名影响学业目标的模型可能有以下两种。

模型二：污名知觉预测自我污名，自我污名影响学业效能感，学业效能感影响 3 种学业目标，如图 4-5 所示。

表 4-3 测量模型的参数估计值

观测变量	潜变量	参数	非标准化		标准化估计值
			估计值	标准误	
am2	成绩接近	2			0.62
am6	成绩接近		1.01	0.16	0.62
am12	成绩接近		0.98	0.16	0.60
am1	掌握接近	2			0.69
am4	掌握接近		1.02	0.13	0.70
am10	掌握接近		1.03	0.13	0.70
am3	成绩避免	2			0.72
am7	成绩避免		0.80	0.16	0.58
am9	成绩避免		0.69	0.15	0.49
ae	学业效能感				0.55
ss1	自我污名	1			0.81
ss2	自我污名		0.74	0.10	0.60
ps1	刻板知觉	3			0.79
ps2	歧视知觉		1.03	0.09	0.82
ps3	污名阻抗		0.81	0.09	0.65
ps4	认知区分		1.02	0.09	0.81

注：ss1、ss2 分别为污名内化和自尊贬损；ps1、ps2、ps3、ps4 分别为刻板知觉、歧视知觉、污名阻抗和认知区分

模型三：污名知觉和自我污名相互影响，同时影响学业效能感，最终影响学业目标，如图 4-6 所示。

使用 LISREL 软件对以上两个模型分别进行验证，标准化路径系数如图 4-5 和图 4-6 所示，各种拟合指标如表 4-4 所示。

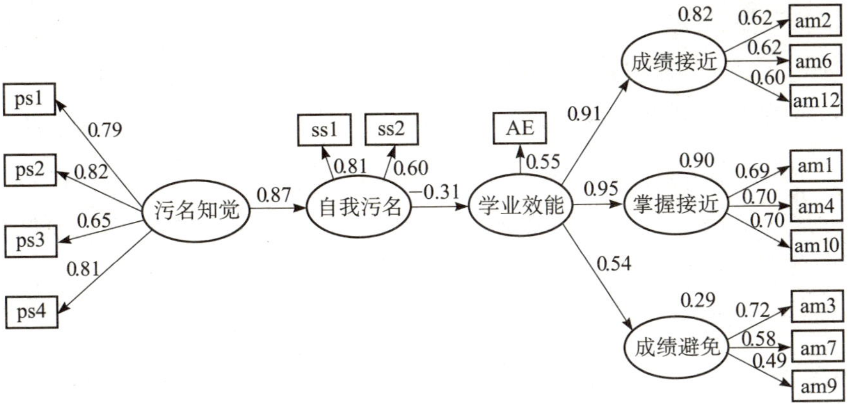

图 4-5　模型二的路径图

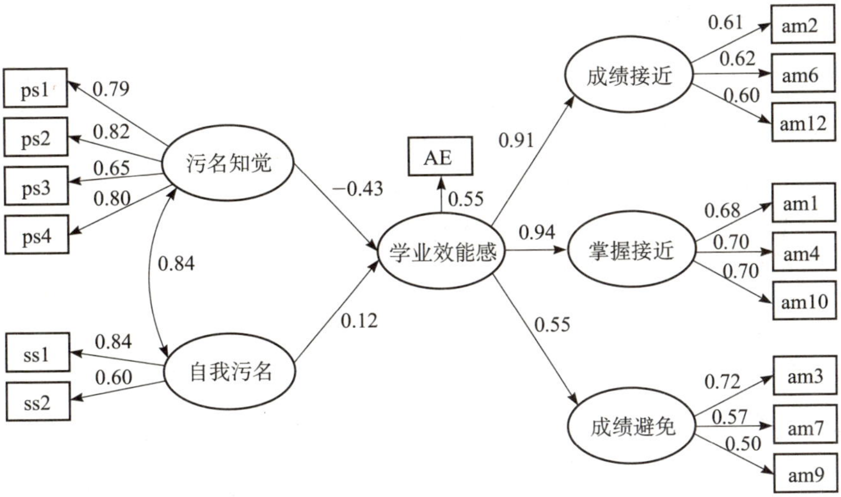

图 4-6　模型三的路径图

表 4-4　三个模型的各种拟合指数

模型	χ^2	*df*	χ^2/df	GFI	IFI	NNFI	CFI	RMSEA
模型一	343.75	100	3.44	0.81	0.87	0.85	0.87	0.11
模型二	156.15	99	1.58	0.90	0.97	0.96	0.97	0.059
模型三	152.92	98	1.56	0.90	0.97	0.96	0.97	0.057

各种拟合指标表明，模型二和模型三的拟合指标都比较好。侯杰泰等（2002）提出了模型比较的原则。这一原则认为，如果增加自由参数后，卡方非常显著地减少，说明增加自由参数是值得的（侯杰泰等，2004）。对两个模型

进行比较发现，模型二比模型三多一个自由度，卡方多 3.23，小于临界值 6.63（$\alpha = 0.01$ 时，卡方的临界值），表明少估计一个自由参数是值得的，即模型二优于模型三。同时，从图 4-6 的路径系数中不难发现，污名知觉和自我污名对学业效能感的标准化路径系数为 0.43 和 0.12，均未达到显著水平（$t = 1.85$ 和 0.49，$p > 0.60$ 和 0.06），说明该模型具有不合理之处，因此放弃模型三，选择模型二。

对于模型二，修正指数表明，增加或减少 Beta 或 Gamma 矩阵中任何一条路径，卡方的变化均小于 4，因此，不需要对模型二进行任何修正。

由图 4-5 可知，学业效能感对成绩接近目标（$\beta = 0.91$，$p < 0.001$）、掌握避免目标（$\beta = 0.95$，$p < 0.001$）和成绩避免目标（$\beta = 0.54$，$p < 0.001$）都有显著的预测作用，自我污名对学业效能感有着显著的负向预测作用（$\beta = -0.31$，$p < 0.001$），污名知觉又是自我污名的有效预测指标（$\beta = 0.87$，$p < 0.001$）。这些数据表明，学习不良学生的污名知觉越多，自我污名就越多，学业效能感就越低，进而影响学习不良学生的学业目标。总之，学习不良学生的污名知觉主要是通过自我污名和学业效能感的中介作用间接地对学业目标（动机）产生了影响。本节的模型二是这一结论的有力支持。

四、污名对学习不良少年学业动机效应的机制

本节以学习不良少年为研究对象，考察了学习不良相关的污名对学习不良少年学业动机影响的中介模型。通过使用潜变量的路径分析，本节的结果如下。

1）污名知觉正向地影响自我污名（标准化路径系数为 0.87）。以往的研究都表明，公众污名能够引起被污名者认同、吸收并内化成自我概念的一部分（Corrigan & Watson，2002；Link et al.，1989；Vogel et al.，2007），本节模型也支持了这一结论。学习不良少年知觉到的公众对学习不良学生的污名知觉越多，自我污名的倾向越严重。这一结果恰好说明污名知觉为自我污名提供了可能性，自我污名的水平依赖于自我污名的强度。

2）自我污名负向地影响学业效能感（标准化路径系数为 −0.31），自我污名的倾向越强烈，学业效能感越低，自我污名倾向越弱，学业效能感越高。对于自我污名高的学习不良学生来说，由于内化了关于学习不良的公众污名，造

成自尊和一般自我效能感的降低。而学业效能感作为一般自我效能感的一部分，很容易随着一般自我效能感的降低而变得更加消极；同样的道理，低污名知觉的学习不良学生知觉到的自我污名少，一般自我效能感高，学业效能感并未受到更多威胁，保持了积极水平。

3）学业效能感正向影响 3 种学业目标：对成绩接近目标的标准化回归系数为 0.91，成绩避免目标的标准化回归系数为 0.95，掌握接近目标的回归系数为 0.54。这一结果表明，学业效能感高的学习不良少年更倾向于将自己的学习动机建立在与别人比较的基础上，努力理解和掌握所学习的内容，也就是说学习动机较强；而学业效能感低的学习不良少年，不在意自己是否掌握了所学的内容，也不在意自己的学习成绩和别人的差距，学习动机较弱。

第二节　刻板印象威胁情境对自尊的影响

一、既有研究及其局限

以往大多研究关注的是社交情境中由于不同群体（主流群体）存在而产生的威胁性情境对被污名者的各种影响。Major 和 Spencer 等的研究则摆脱了以往的实验范式，通过要求被试参与智力测验的实验情境，检验了在非社交的刻板印象威胁情境中，黑人被试的心理行为特点。在他们的研究中，48 名大学生（至少包含两个相同肤色的大学生）一起完成由智力测验改编的实验材料。测验前由不同的指导语创设两种测验情境。

在种族启动情境中（刻板印象威胁情境）告知被试：将要进行的测验是对某些特定种族有争论的智力测验，研究的目的是收集更多的信息检验测验对某些种族是否存在偏差。

在非种族启动情境中（控制情境），只是简单地告诉被试测验的目的是收集更多数据，没有提到任何种族相关的信息。

结果表明，在启动种族偏差的情境中，同样得到消极反馈的非裔美国学生的自尊水平高于白人学生；相比而言，在没有启动种族偏差的情境中，同样得到消极反馈的非裔美国学生的自尊低于白人学生（Major et al.，1998）。他们的研究很好地证明了在消极刻板特征或种族特征被激活的情境中，非裔学生比欧裔学生更倾向于从智力测验的反馈中分离出自尊。

但是该研究还存在着很多明显不足之处：第一，与白人学生一起参加测试可能成为黑人被试的威胁性情境，使黑人的社会身份特征变得很明显，很容易激活针对黑人的消极刻板印象。这一情境特征与情境分配的指导语相互干扰，很难说明实验的差异结果是由指导语造成的还是由情境特征本身造成的；第二，在进行实验情境分配之后，进行测验之前，研究者没有检验种族偏见的指导语创设的消极刻板印象威胁情境是否真的对被试产生了影响，这对实验结果讨论是非常重要的；第三，没有控制被试知觉到的被污名化的水平。被试知觉到的被污名化的水平直接影响着刻板印象威胁情境对污名者的影响力，如果被试知觉到自己被污名化的水平很低，刻板印象威胁情境对被污名者造成的影响就很小。

针对以上不足，本节通过改进 Major 等的研究范式，检验了消极刻板印象威胁情境中不同类型反馈形式对学习不良少年的影响。本节做的改进主要包括以下几点。

第一，本节将团体测验情境改为全部测验过程都在计算机上完成的个体测验情境，通过这一改进控制了测验情境中其他群体成员的出现对实验结果可能造成的影响。

第二，为检验刻板印象威胁情境是否对被试产生了影响，我们将测验分成了两段，在两段测验之间要求被试根据第一段测验完成的情况估计一下第二段测验可能取得的成绩。Bargh 等（1996）及 Dijksterhuis（2000）等的研究表明，与某个污名群体相对应的消极刻板印象被激活时，往往能够导致该群体成员与该消极刻板一致的行为出现，直接影响被试的自我评价。基于该观点，在消极刻板印象被激活的情境中，被污名的个体更能产生与其刻板印象相符合的行为，造成非刻板情境和刻板情境中的行为没有连贯性，即非刻板情境的行为不能预测刻板情境中的行为。因此，可以推测如果刻板印象威胁的指导语发挥作用，第一段取得的测验成绩不能预测被试对第二段测试成绩的估计值。

第三，排除掉污名知觉低的被试，只留下高污名知觉的学习不良学生。这一操作控制了不同污名知觉水平对实验结果的影响。

二、研究假设

通过以上改进，本节的研究假设为：

假设 1：在没有激活消极刻板印象的测验情境中，不同任务反馈对学习不良学生的自尊有着明显影响，得到积极反馈的学习不良学生的自尊提升，得到消极反馈的学习不良学生的自尊下降。

假设 2：在激活消极刻板印象的刻板印象威胁情境中，学习不良学生的自尊不会随着反馈的不同而发生变化。

假设 3：在不同实验情境中，任务成败的归因方式对学习不良学生的自尊产生的影响不同。

三、研究方法

（一）被试

为控制不同污名知觉水平对实验操作的影响，本节中只选用污名知觉水平高于平均水平的学习不良学生。前面的研究已经表明，学习不良学生污名知觉的平均水平是 1.91，本节选取污名知觉总量表平均分大于 2 的学习不良学生。

被试来自某普通初级中学一年级和二年级学生。通过上面的筛选标准，共得到有效被试 84 人，男生 72 人，女生 12 人，年龄均在 12 ～ 15 岁，根据参与实验情境和所获得测验成绩的反馈类型，本节中学习不良少年被随机分配到 4 种实验条件中，不同实验条件下被试污名知觉的平均分如表 4-5 所示。

表 4-5 不同实验条件下被试的污名知觉：*M*（*SD*）

项目	刻板印象威胁情境		控制情境	
	积极反馈	消极反馈	积极反馈	消极反馈
人数	22	20	21	21
污名知觉	2.62（0.43）	2.59（0.63）	2.42（0.58）	2.50（0.50）

各种实验条件（不同实验情景和不同反馈类型）下，被试之间的污名知觉没有显著差异，F（1，80）均小于 1.5，p 均大于 0.20。

（二）实验仪器

实验采用计算机呈现刺激和键盘反应的形式进行。实验程序由 E-prime 软件运行。在实验过程中，反应键为键盘上的"1"、"2"、"3"、"4"、"5"、"6"、"7"、"8"、"9"、"0"，计算机自动呈现刺激及实验操作的指导语，记录被试的反应。

（三）实验材料

1. 实验程序

本节从瑞文推理测验标准版中的 B、C、D、E 系列中各选出 6 个题目（共 24 个），组成两组难度相同的基本实验材料，用来创设测验情境。

实验程序用心理学实验专用软件 E-prime 编制，在计算机上自动运行。测验开始之前，屏幕上显示指导语，告知被试如何操作电脑进行测试。被试读懂指导语后，按"空格"键进入正式测试。两组测试都是逐项呈现测验题目，被试选择答案后（无论对错），自动进入下一题目。两组测试之间（第一组结束后，第二组开始之前），计算机自动呈现指导语，分配实验情境（刻板印象威胁情境或者控制情境）。被试读懂实验情境的指导语后，按"空格"键进入自我评估程序，要求被试根据前面完成测验的情况估计一下在随后的测验中能够完成题目的个数。被试按键自我评估后，进入第二组测验。第二组测验结束后，自动进入分数计算界面，随后呈现被试的测验分数（不是真实的成绩），给被试关于测验成绩的积极反馈和消极反馈。至此，电脑实验程序结束。

2. 污名知觉问卷

各种信效度指标见前面的章节。本节中使用污名知觉问卷的目的是筛选出高污名知觉的学习不良少年。因为低污名知觉的学习不良学生可能对刻板情境威胁不够敏感，实验操作也就不会对这类差生被试影响，因此，本节只选取污名知觉水平高于学习不良少年平均水平的青少年学生。

3. 状态自尊问卷

状态自尊用来测量被试的即时自尊，有着较高的内部一致性信度和结构效度、效标效度、区分效度（Heatherton & Polivy，1991）。它有3个子量表：外表自尊、行为自尊和社会自尊。其中，外表自尊可能对某些强调个体身体外貌的实验操作更加敏感；行为自尊是测量被试认为自己的表现在多大程度上是有价值的，它可能对实验室中虚假的反馈或无效任务变量的操纵比较敏感；社会自尊测量的是被试在多大程度上觉察到了自我的公众形象，这一因素可能对威胁自我表现的实验情境非常敏感（Heatherton & Polivy，1991）。很多研究都证实了这一状态自尊问卷对实验操作很敏感（Ruggiero & Taylor，1997），能够准确评估实验操作对自尊的短时影响（Crocker et al.，1993；Heatherton & Polivy，1991）。国内研究者已经修订并应用了这一量表的中文版（Chang & Mackenzie，1998；张俊娥等，2005）。本节选取与实验过程相关的行为自尊和社会自尊的两个子量表包含14个项目，如"我对自己的能力比较自信（表现自尊）"，"我很在意别人怎么看待我（社会自尊）"，测量实验中被试的即时自尊。每个项目都要求被试根据项目内容符合自己的程度进行5点评分（从完全不符合到完全符合）。

4. 归因方式的测量

为测量被试如何归因自己在实验中取得的测验成绩，我们根据Weiner等（1972）的归因理论，编制了4个项目测量被试对自己所取得测验成绩的能力、努力、运气、情境4个方面的归因倾向。要求被试从影响很大、有影响、中等程度的影响、稍有影响、没有影响5个选项中选择一个合适的选项。4个项目如表4-6所示。

表4-6　对测验反馈归因的测量项目

倾向	测验项目
能力	你的聪明程度（聪明或不聪明）对你取得的测验成绩有影响吗?
努力	你的认真程度（认真或不认真）对你取得的测验成绩有影响吗?
运气	你的运气（运气好或运气坏）对你取得的测验成绩有影响吗?
情境	题目的难度（难或容易）对你取得的测验成绩有影响吗?

（四）研究程序

研究分为以下两个阶段。

准备阶段：首先选取学习不良学生填写污名知觉问卷，根据污名知觉水平筛选出本实验的被试——污名知觉平均分大于2的学习不良学生（大约占到45%）。随后，实验被试填写状态自尊问卷，为随后的实验操作引起被试自尊的变化提供一个可以比较的常态的基线水平。

正式实验阶段：被试按照以下程序进行（2～6部分在计算机上完成）。

1）被试单独进入实验室，主试介绍实验的基本情况，包括实验的过程和主要任务。

2）被试完成第一组瑞文推理测验题目；事先告诉被试这组是练习，帮助被试熟悉任务操作；真实的目的是检验没有实验操作时被试完成任务的成绩，作为检验刻板印象威胁操作是否对被试产生影响的指标。

3）确信被试熟悉实验任务与要求之后，计算机屏幕提示将要进入正式测试，根据实验情境的不同，屏幕出现的指导语也不同。

在刻板印象威胁情境中，屏幕中呈现如下指导语："下面的一组测验与练习相似，但是很多次的实验表明，学习成绩不好的学生（或差学生）在解决某些问题时可能存在困难，无法获得一个理想的成绩，请认真作答。准备好后请按'空格'键继续！"

在控制情境中，屏幕上只是简单地呈现如下指导语："下面将要进入正式测验阶段，正是测验题目难度和类型与刚才的练习相似，请认真作答。准备好后请按'空格'键继续！"

4）被试按"空格"键后进入自我评估界面，此时，屏幕中央显示"如果下面测试中一共包含10个题目，请估计一下你能够做对题目的个数________"，要求被试估计自己在随后任务中可能获得的成绩。被试按相应的数字键表示自己感觉能做对的个数，如果被试预期能够全部做对，则按"0"键。程序自动记录被试的反应。这一操作的目的是检验被试是否受到了刻板印象威胁情境的影响，我们预期在刻板印象威胁情境中，如果被试受到指导语的影响，被试正确回答题目的个数对估计第二组测验成绩没有显著的预测作用，即第一组正确回答题目的个数对自我评估没有影响。

5）自我评估后，自动进入测验程序，被试完成第二组瑞文推理测验。

6）完成第二组测验后，被试得到测验成绩的积极反馈或消极的反馈。

在积极反馈条件下，屏幕中显示：非常好，你的最后成绩为 85、90 或 92，三个分数随机呈现一个，远高于平均水平。

在消极反馈的条件下，屏幕中显示：你的最后成绩为 57、58 或 59，三个分数随机呈现一个，低于平均水平。

将消极反馈和积极反馈随机呈现给每个被试。

7）被试填写状态自尊问卷、评估自己对测验成绩的归因方式。

8）主试解释实验，告知真实的测验目的，并答谢被试。

四、研究结果

（一）刻板印象威胁情境的效应

为检验不同实验情境的指导语是否对学习不良被试产生了影响，我们要求被试完成第一组测试之后估计一下在随后进行的测验中能够正确解答题目的个数。如果被试关于自身的消极刻板印象被激活，受到了消极刻板情境的威胁，学习不良学生在估计未来测验中的成绩时就会受到刻板印象威胁的影响，第一组测试成绩与自我评估的成绩出现中断，即第一组测验成绩不能预测对第二组测验成绩的估计；相反，没有受刻板印象威胁时，学习不良学生对第二组测试成绩的评估应该受到第一组测试成绩的影响。

综上所述，在本节中，如果刻板印象威胁情境激活了学习不良少年的消极刻板印象，第一组测验的成绩不是自我估计的有效预测指标；如被试未受到消极刻板情境的威胁，第一组测验的成绩应该是自我估计的有效预测变量。

两种实验情境中学习不良被试第一组测验成绩对自我评估的回归分析结果表明，在刻板印象威胁情境中，学习不良少年在第一组中取得的测试成绩不是对第二组测验成绩估计的有效预测指标［$\beta = 0.19$（标准化后 0.25），$t = 1.62$，$p > 0.10$］；在控制情境条件下，第一组中取得的测试成绩能够有效预测对第二组测验成绩的估计［$\beta = 0.33$（标准化后 0.39），$t = 2.68$，$p < 0.05$］。其他详细参数如表 4-7 所示。

表 4-7 第一组正确个数对自我评估的回归

项目	β 值	标准化 β 值	R	R^2	t	p
刻板印象威胁情境	0.19	0.25	0.24	0.06	1.62	0.11
控制情境	0.33	0.39	0.39	0.16	2.68	0.011

这些结果表明，在刻板印象威胁情境中，被试第一组正确的个数不能预测对第二组测试成绩的估计，很可能刻板印象威胁情境的指导语激活了被试自我表征中的消极刻板印象，进而影响了对以后成绩的自我评估。因此，刻板印象威胁情境的指导语对学习不良被试产生了威胁性的情境。

（二）状态自尊前测比较

在各种实验条件下，被试状态自尊初测如表 4-8 所示。以实验情境和反馈类型为自变量，对状态自尊的两个维度的多元方差分析结果表明，实验情境主效应不显著［$F(2, 79) = 2.17$，$p > 0.10$］，反馈类型主效应不显著［$F(2, 79) = 2.11$，$p > 0.10$］，实验情境和反馈类型的交互作用不显著［$F(2, 79) = 1.29$，$p > 0.20$］。

表 4-8 各种实验条件下被试自尊的常态水平：M（SD）

项目	刻板印象威胁情境		控制情境	
	积极反馈	消极反馈	积极反馈	消极反馈
行为自尊	27.33（3.91）	26.02（4.85）	26.70（3.70）	23.93（5.73）
社会自尊	23.59（6.13）	25.05（5.30）	26.85（6.36）	24.15（5.79）

以上数据分析表明，在正常状态下，各组被试的状态自尊稍有不同，但是没有达到显著差异。为控制不同自尊水平对实验操作产生的影响，在随后的数据分析中，我们将初测的状态自尊水平作为协变量。

（三）实验后各种实验条件下被试自尊水平的比较

1. 行为自尊

以行为自尊的初测水平为协变量，行为自尊的后测水平为因变量，实验情境与反馈类型为自变量进行方差分析，结果显示，行为自尊的协变量效应显著［$F(1, 79) = 37.58$，$p < 0.001$］，表明行为自尊的初测水平是一个显著的协变

量；实验情境主效应不显著 [$F(1, 79) = 2.98$，$p > 0.08$]，刻板印象威胁情境中学习不良被试行为自尊的水平（$M = 25.87$）与控制情境中（$M = 23.86$）没有显著差异；反馈类型主效应显著 [$F(1, 79) = 12.43$，$p < 0.001$]，积极反馈条件下被试的自尊水平（$M = 26.69$）显著高于消极反馈条件下被试的自尊水平（$M = 22.96$）；实验情境与反馈类型的交互作用边缘显著 [$F(1, 79) = 3.43$，$p < 0.07$]。

简单效应分析表明，刻板印象威胁情境中接受不同反馈的被试行为自尊水平没有显著差异 [(M积极 = 26.80 vs. M消极 = 24.85)，$F(1, 40) = 1.57$，$p > 0.10$]；在控制情境中，接受积极反馈被试的行为自尊水平（$M = 26.57$）显著高于接受消极反馈的被试（$M = 21.15$）[$F(1, 40) = 17.05$，$p < 0.001$]。这些结果表明，在刻板印象威胁情境中，成绩的积极反馈和消极反馈没有对学习不良少年的自尊产生不同的影响，而在控制情境中，即没有启动刻板印象威胁的条件下，不同反馈类型对被试的行为自尊产生了不同影响，接受消极反馈的被试自尊水平显著低于接受积极反馈被试的自尊水平。

2. 社会自尊

同样使用社会自尊的初测为协变量，对社会自尊的后测进行方差分析，结果表明，社会自尊的初测水平的调节效应显著 [$F(1, 79) = 98.62$，$p < 0.001$]，说明常态下的社会自尊是一个显著的协变量。实验情境主效应不显著 [$F(1, 79) = 0.10$，$p > 0.70$]；刻板印象威胁情境中被试的社会自尊水平（$M = 23.88$）与控制情境中被试的社会自尊水平（$M = 24.48$）没有显著差异；反馈类型主效应不显著 [$F(1, 79) = 0.98$，$p > 0.30$]，积极反馈条件下被试的社会自尊（$M = 24.81$）与消极反馈条件下的社会自尊（$M = 23.53$）没有显著差异；实验情境与反馈类型的交互作用不显著 [$F(1, 79) = 0.001$，$p > 0.90$]。这些结果表明，实验操作对被试的社会自尊没有产生影响。各种实验条件下被试行为自尊和社会自尊的后测水平如表 4-9 所示，经初测水平调节后，被试的自尊如图 4-7 所示。

表 4-9 各种实验反馈后被试的自尊：*M*（*SD*）

项目	刻板印象威胁情境		控制情境	
	积极反馈	消极反馈	积极反馈	消极反馈
行为自尊	26.80（3.36）	24.85（4.38）	26.57（3.97）	21.15（4.52）
社会自尊	23.76（6.50）	24.02（5.89）	25.91（5.12）	23.06（5.67）

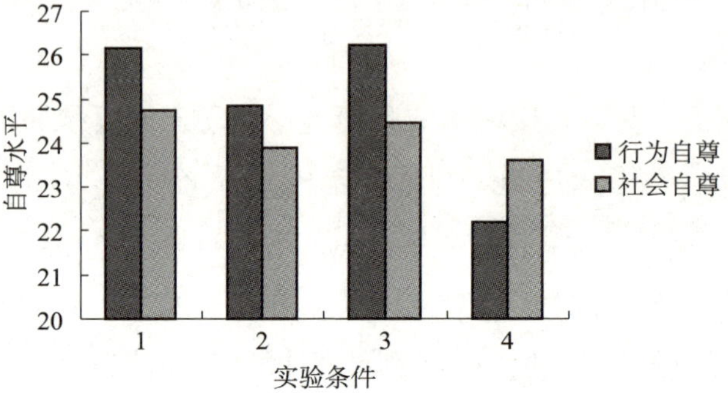

图 4-7 初测调节后被试后测的状态自尊

实验条件：1 = 刻板印象威胁情境 - 积极反馈；2 = 刻板印象威胁情境 - 消极反馈；3 = 控制情境 - 积极反馈；4 = 控制情境 - 消极反馈

调节变量值：行为自尊初测 = 26.01；社会自尊初测 = 24.89

（四）不同实验条件下归因倾向对自尊的影响

为进一步探讨不同实验操作对自尊产生影响的原因，本节对每种实验条件下状态自尊与对成绩的归因倾向进行了更深入的分析。以各种实验条件（刻板印象威胁情境–积极反馈、刻板印象威胁情境 – 消极反馈、控制情境 – 积极反馈、控制情境–消极反馈）下状态自尊的两个维度为因变量，以被试对所取得成绩的 4 种归因倾向为自变量，进行回归分析。结果显示，在控制情境下，被试获得消极反馈时，聪明程度归因对行为自尊有预测作用［β = –1.76（标准化后为 –0.48），t = 2.08，p = 0.054（小于 0.06，边缘显著）］，表明被试越认为自己的聪明程度影响了测验成绩，行为自尊水平越低；在控制情境下，被试获得积极反馈时，认真程度归因对行为自尊和社会自尊都有预测作用，其中，对于行为自尊，β = 1.52，标准化 β = 0.59，t = 2.85，$p < 0.05$；对于社会自尊，β = 1.79，标准化 β = 0.54，t = 2.42，$p < 0.05$，表明在控制条件下，被试获得积极反馈时，对测验成绩的认真程度归因能够预测被试的状态自尊，越认为自己是由于做题认真取得了好成绩，状态自尊就越高。

五、刻板印象威胁的调节作用

本节通过智力测验的实验情境，检验了刻板印象威胁情境对学习不良少年自尊以及对自尊和归因方式关系的影响。结果发现：

1）在没有启动刻板印象威胁的情境中，学习不良少年的行为自尊受到了不同反馈的影响：得到积极反馈时，自尊提升，得到消极反馈时，自尊降低。

2）在启动刻板印象威胁的情境中，积极反馈和消极反馈对被试的行为自尊没有产生影响，不同反馈的被试之间没有显著差异。

3）在没有启动刻板印象威胁的情境中，归因倾向是自尊水平的预测指标，即在这种条件下，越是认为由于认真取得了好成绩，自尊水平越高，越是认为不够聪明取得了不理想成绩，自尊水平越低。

4）在刻板印象威胁情境中，无论取得了积极反馈还是消极反馈，被试对成绩的归因倾向与自尊水平都没有显著关系，归因方式不是自尊水平的预测指标。

5）社会自尊在各种实验条件下都没有显著的变化。这可能是由于本节创设的实验情境操纵了对被试测验结果的反馈类型，更多地引起了被试对自己测验中行为表现价值的关注，即对行为自尊产生了更多的影响，因此，并没有影响到被试自尊的社会方面（社会自尊）。

第五章

学习不良少年隐匿污名的心理控制

第一节 隐匿学习成绩对学习不良少年认知过程的影响

一、可隐匿污名与心理控制

在社会交往中，可隐匿污名的个体为了避免消极的评价和对待方式，通常会采取积极的策略，有意识地隐匿自己的污名特征及与污名相关的信息，以正常的形象与他人交往（Smart & Wegner，1999）。目前，研究者将社会交往中隐匿污名的过程看成是保守污名相关秘密的过程。

秘密的贯注模型（Lane & Wegner，1995）详细阐述了保守秘密的心理过程。该模型认为，保守秘密会激活一系列的认知过程，引起个体对秘密的强迫性集中注意。原因如下：首先，要保守秘密就要压抑与秘密相关的想法，想法压抑最初可以作为保守秘密的有效方式；其次，尝试压抑某个想法的结果则更可能造成该想法的闯入，很多与秘密相关的想法就会自动浮现。为什么会出现这一效应呢？研究者认为，压抑某种想法会引起该想法及其相关想法的深层激活，这是心理过程从无意识到有意识过渡的一种不稳定的中间状态，当心理压抑停止作用的时候，目标事物及其相关的想法就会由无意识进入意识，被个体的意识所获得（Wegner & Smart，1997）。压抑某想法的尝试使该想法的可获得性较高，成为想法闯入的推力。最后，秘密相关想法的闯入引起压抑相关想法的重新尝试；想法闯入和压抑循环发生，形成了对秘密的持续性注意。Smart 等认为，秘密的贯注模型可以有效地解释隐匿性如何影响污名个体的体验：当个体努力去隐匿的时候，污名秘密却很容易在意识中浮现。越是需要积极隐匿的社会情境，就越可能增加污名相关想法的可获得性（Smart & Wegner，1999）。这种可获得性的增加可以产生多种效应，最明显的就是想法闯入和想法压抑（Wegner & Smart，1997）。

大多数情况在某种想法压抑的适当的动机强度下，人们会成功地进行"想法压抑"。但是认知负荷太高会导致"想法压抑"的失败，压抑的相关想法会闯入意识。因为心理压抑是一种需要努力的认知操作，在没有足够的认知资源时，心理压抑不能有效地发挥作用。根据这一观点，增加个体的认知负荷会消耗一定的认知资源，当个体没有充足的认知资源压抑相关想法的时候，目标事物及其相关的想法就会重新出现在意识中（Wegner，1994）。研究发现，认知负荷与心理压抑会产生相互的干扰，在高认知负荷的条件下，个体更容易意识到目标事物及其相关的想法，即出现了反弹效应（rebound effect）（Wenzlaff & Wegner，2000）。Wegner 等应用 Stroop 实验范式，比较压抑某个词汇和注意某个词汇的两种条件下，对该词汇及其相关词汇颜色命名反应时的差异。结果发现，与注意条件下的被试相比，压抑条件下的被试在高认知负荷时对相关词汇颜色命名的反应时较长（Wegner & Erber，1992）。这一研究结果说明了压抑某个想法可造成该想法的可获得性增强。Stroop 类型的干扰效应被研究者们当作检验压抑相关想法是否引起认知获得性增加的经典范式（Bargh & Tota，1988；Mikulincer et al.，2004）。

二、研究假设

本节以秘密的贯注模型为理论依据，通过与陌生权威（教育心理学的专家）进行个体访谈的实验情境，来考察学习不良少年隐匿学习成绩信息对认知过程的效应。研究假设如下：

假设 1：在可以隐匿学习成绩信息条件下，学习不良学生会有明显的学习相关想法的压抑努力和学习相关想法的闯入体验。

假设 2：在可以隐匿学习成绩信息条件下，学习不良学生的学习相关想法的可获得性将会增加。

三、研究方法

（一）被试

被试选自某学校初一、初二年级学生共 158 名，其中学习不良被试 78 人，男生 49 人，女生 29 人，平均年龄 14.36 岁；一般被试 80 人，男生 37 人，女生 43 人，平均年龄为 14.38 岁。

学习不良少年按照前面的标准筛选；一般少年的选择方法是在挑选出学习不良少年后，按相同人数匹配在班级内随机选取。

（二）实验材料

1. 想法压抑和想法闯入的测量

本节依据秘密的贯注模型和以往的相关研究（Lane & Wegner，1995；Smart & Wegner，1999），设计了 4 个项目测量实验访谈过程中被试压抑学习相关想法的倾向，以及学习相关想法闯入意识的情况。前者包括对压抑学习不良污名相关想法和自我总体印象的测量，如“我一直努力控制自己不去想学习方面的事情”以及“在交谈时，我一直努力控制自己不去想自己是一个什么样的学生”；后者包括测量被试与学习相关想法闯入意识的体验，如“在交谈时，我自己学习方面的情况总会不由自主地浮现出来”以及“关于我自己是个什么样学生的想法总会不由自主地浮现出来”。被试对 4 个项目进行 7 点评分。

2. 组词卡

参照以往研究关于相关想法获得性程度测量的方法（Greenberg et al.，1994；Smart & Wegner，1999），本节用组词任务来测量与学习相关想法在意识中的可获得性。在访谈过程中穿插3次组词任务（访谈开始1次，中间1次，访谈结束后1次），实验材料是3张组词卡，每次给被试提供1张，每张卡上包含3个字，每个字至少可以组成一个与学习相关的词，学习相关的词是目标词。3组词卡在访谈中以随机的顺序呈现给被试，要求给每个字组3个词。

3. Stroop任务

实验中应用Stroop类型词汇颜色命名任务，测量与学习相关想法在无意识中的可获得性。这一任务采用电脑呈现和键盘反应的方式进行。显示器为14寸彩显，分辨率为1024×768，颜色为真彩色，刷新率为60Hz。实验程序由E-prime软件运行，反应时精确到1ms。实验材料共包括9个刺激词汇：4个学习相关的词汇，2个认知能力相关词汇，3个中性词汇，每个词汇出现3～4次，颜色和认知负荷在不同类型的词汇间得到了平衡。

（三）实验设计与实验程序

实验采用2（被试类型）×2（实验情境）组间设计。被试类型包括学习不良学生（learning disabilities，LD）和一般学生（no-learning disabilities，NLD）；实验情境分为优生情境和差生情境。在优生情境下，实验助手告诉被试："一位教育专家想找一些学习好的学生谈话，并进行有针对性的学习方法指导，我发现你的表达能力不错，将把你推荐给那位专家，希望你能将适合好学生的学习方法介绍给其他同学"（如果学习不良被试坦白自己的真实身份，实验助手则鼓励被试只是为了学到一些好的学习方法，好好表现，像个好学生就行）；在差生情境下，指导语则进行以下调整："教育专家要找一位学习成绩不太理想的学生谈话，我没有找到合适的人选，发现你的表达能力不错，将把你推荐给那位专家，希望你能将适合成绩差学生的学习方法介绍给其他同学。"LD和NLD被随机分配到两种实验情境中，其中LD被分配在优生情境时，允许他们隐匿学习成绩信息，称为隐匿条件；LD被分配在差生情境中时，被试不能隐匿消极学习成绩信息，称为非隐匿条件。

实验的具体步骤如下：

1）由实验助手向被试介绍自己的身份（实习教师）及实验的大概情况。

2）实验助手分配实验情境，将不同类型的被试随机分配到两个实验情境中。

3）实验助手将被试带入实验室，向主试（由一男性和一女性研究生担当）介绍被试的学习情况，之后退出实验室。

4）正式访谈。访谈包括一些中性问题、学习相关问题和差生相关问题。

5）在访谈的过程中穿插 3 次组词测验。

6）第三次组词测验之后，主试指导被试在电脑上完成 Stroop 类型的词汇颜色命名任务：测试开始后，主试告诉被试用最快的速度准确判断词汇的颜色。在每个词汇出现之前，屏幕上将出现一个 1 位数（低负荷）或一个 6 位数（高负荷），要求被试在判断词汇颜色时牢记这个数字。每个数字呈现之后，会有一个 1 秒钟的白屏和一个 2 秒钟“+”的注视点，注视点消失后，屏幕中央出现蓝色或红色的词汇，被试快速按键判断词汇的颜色（红色按“F”键，蓝色按“J”键），按键后词汇消失（如果被试没有任何反应，词汇在呈现 5 秒钟后自动消失），然后屏幕出现文字提示被试报告开始时记住的数字，主试记录。被试报告数字后，按任意键进入下一个试次。每个被试有 10 个试次的练习，在确认被试熟悉整个实验过程之后，进入 30 个试次的正式测试。

7）被试评定访谈过程中与学习相关想法压抑的努力和学习相关想法闯入体验。

8）主试答谢并鼓励被试。

四、研究结果

（一）不同实验情境下被试的贯注效应

1. 想法压抑

在各种实验条件下，被试压抑学习相关想法的平均分如表 5-1 所示。对想法压抑总分进行 2（实验情境）× 2（被试类型）的方差分析，结果表明实验情境主效应不显著［F（1，154）= 0.77，$p > 0.30$］；被试类型主效应显著［F（1，154）= 4.14，$p < 0.05$］；学习不良少年的想法压抑水平（M =7.73）显著高于非

学习不良少年（M=6.68）；实验情境与被试类型的交互作用显著［F（1，154）= 4.15，$p < 0.05$］。简单效应分析结果显示，学习不良被试在优生情境中（隐匿学习信息的LD）的压抑水平（M =8.49）显著高于在差生情境中的压抑水平（M = 6.97）［F（1，76）= 4.37，$p < 0.05$］。这些结果表明，学习不良被试在隐匿学习成绩条件下有较多的与学习相关想法的压抑。

表 5-1　不同情境下被试的想法压抑与想法闯入：M（SD）

项目	优生情境		差生情境	
	NLD	LD	NLD	LD
想法压抑	6.38（3.04）	8.49（3.73）	6.98（3.58）	6.97（2.56）
想法闯入	7.43（3.70）	8.03（3.38）	9.73（3.84）	8.38（3.27）

注：括号内为标准差

2. 学习相关想法闯入

在各种实验条件下，被试学习相关想法闯入的平均分及标准差如表 5-1 所示。学习相关想法闯入的方差分析结果表明，实验情境主效应显著［F（1，154）=5.52，$p < 0.05$］，差生情境中被试学习相关想法闯入的得分（M = 9.06）显著高于优生情境（M=7.72）；被试类型主效应不显著［F（1，154）= 0.43，$p >$ 0.50］，学习不良被试和非学习不良被试与学习相关想法闯入的体验没有明显的差异；被试类型与实验情境交互作用不显著［F（1，154）= 2.94，$p >$ 0.09］，表明两种类型被试与学习相关想法闯入意识的体验没有受到实验情境的影响。

（二）不同实验情境下被试学习相关想法的可获得性

1. 与学习相关想法的有意识可获得性

为了考察学习不良少年在实验访谈过程中与学习相关想法的有意识的可获得性，在访谈过程中插入了 3 次组词任务。根据目标词汇在每个字所组的 3 个词汇中出现的系列位置，来计算被试获得与学习相关想法的程度。具体计分方法如下：目标词汇出现在第一位计 4 分，出现在第二位计 3 分，出现在第三位计2分，如果3个词汇中没有出现目标词则计1分。各种实验条件下被试的平均分和标准差如表5–2所示。组词测验总分方差分析结果显示，被试类型主效应显著［F（1，153）= 5.91，$p < 0.05$］；在组词测验中，学习不良被试目标词汇总分（M =16.49）显著高于非学习不良被试（M = 14.97）；实验情境主效应不显著［F（1，153）= 0.997，$p > 0.30$］，两种实验情境中被试目标词汇的总分没有显著的差异；实验情境和被试类型的交互作用显著［F（1，153）= 3.91，$p < 0.05$］。简单效应分析显示，差生情境中学习不良被试目标词汇总分（M =17.41）高于优生情境中学习不良被试目标词汇总分（M = 15.56）［F（1，76）= 9.37，$p < 0.06$］，达到边缘显著。这说明学习不良被试在非隐匿学习信息的条件下更容易获得学习相关的想法。

表5-2 不同实验条件下被试组词测验的平均分

项目	优生情境		差生情境	
	NLD	LD	NLD	LD
组词测验	15.28（3.41）	15.56（4.15）	14.68（3.69）	17.41（4.24）

注：括号内为标准差

2. 与学习相关想法的无意识获得性

在不同的实验条件下，LD被试和NLD被试对各种词汇的反应时如表5–3所示。2（认知负荷）× 3（词汇类型）× 2（实验情境）× 2（被试类型）混合设计方差分析结果显示，认知负荷的主效应显著［F（1，151）= 14.98，$p < 0.001$］，高认知负荷条件下所有类型词汇的平均反应时（M = 765.38）显著高于低认知负荷条件下的平均反应时（M = 741.65）。认知负荷和词汇类型有显著的交互作用［F（1，150）= 4.97，$p < 0.01$］。简单效应分析发现，高认知负荷条件下认知能力相关的词汇反应时和学习相关词汇反应时，都显著高于低认知负荷条件下各自的反应时［F（1，154）= 4.18，F（1，156）= 13.60，p分别为0.04和0.00］；中性词在高低负荷的条件下没有显著差异［F（1，156）= 0.002，$p > 0.90$］。这些结果表明，对于所有被试来说，在高认知负荷的条件下学习和认知能力相关想法的可获得性都有增加的趋势。

表 5-3 不同实验条件下的反应时：$M(SD)$ 单位：ms

项目		优生情境		差生情境	
		NLD ($n=40$)	LD ($n=39$)	NLD ($n=40$)	LD ($n=39$)
学习相关	高负荷	781.62（196.50）	812.67（181.63）	753.37（143.39）	770.26（190.42）
	低负荷	754.04（222.79）	716.06（178.00）	746.79（142.06）	727.54（167.18）
认知相关	高负荷	777.38（207.44）	747.03（183.03）	754.75（192.10）	763.81（201.06）
	低负荷	757.75（217.92）	704.00（174.49）	729.27（142.08）	745.93（185.42）
中性词汇	高负荷	766.51（180.46）	748.92（178.73）	743.93（130.21）	764.36（173.32）
	低负荷	736.95（194.09）	749.64（171.94）	769.22（181.19）	762.59（185.97）

学习类型、实验情境、认知负荷和词汇类型四维的交互作用不显著［$F(2, 302) = 1.24$，$p > 0.20$］。但是，计划性比较（planned comparison）的结果表明，优生情境的 LD 被试在高认知负荷的条件下 3 类词汇的反应时存在着显著差异［$F(2, 76) = 6.58$，$p < 0.001$］；学习相关词汇的反应时（$M = 812.67$）显著高于认知能力相关词汇的反应时（$M = 747.03$）（$p < 0.01$）和中性词的反应时（$M = 748.92$）（$p < 0.001$），认知能力相关词汇的反应时与中性词没有显著的差异（$p = 0.93$）。在实验情境和学生类型各种其他的组合条件下，均不存在这一显著的差异（p 均大于 0.5）。这说明隐匿学习信息的 LD 被试在高认知负荷时更容易获得学习相关的想法。

五、学习不良少年隐匿污名的认知控制

本节通过与陌生权威访谈的情境，检验了学习不良少年在可以隐匿消极学习成绩条件下的认知控制过程，结果表明：

1）隐匿消极学习成绩信息的学习不良少年（优生情境中的学习不良学生）学习相关想法压抑的得分显著高于其他实验条件下的被试。

2）差生情境中被试（包括学习不良学生和非学习不良学生）的学习相关想法闯入的得分显著高于优生情境中的被试，这表明差生情境中的学习不良少年和非学习不良少年有着更多的学习相关想法闯入的体验。

3）不能隐匿消极学习成绩信息的学习不良少年（差生情境的学习不良学生）目标词汇的总分最高，表明学习相关想法在有意识的层面更容易获得。

4）在高认知负荷条件下，隐匿消极学习成绩信息的学习不良少年学习相关词汇颜色的辨别反应时较长，表明学习相关想法的无意识可获得性较高。

第二节 隐匿成绩对学习不良少年自我监控的影响

一、研究假设

以往很多研究表明，在可隐匿消极污名特征的社交情境中，被污名者会使用更多的行为控制来保守自己污名特征的秘密。其中，自我监控策略就是被污名者经常使用的一种行为控制策略。那么，在可以隐匿学习不良污名主要信息——学习成绩的情境中，为了保守真实学习情况的秘密，学习不良少年是否会对自己的自我表现行为进行持续的自我监控呢？

自我监控最初是指在社交情境中人们在多大程度上通过修改自己的行为来调节自我表现的倾向（Hofmann，2006；Snyder，1974）。以往的研究都把自我监控看成是一种人格特质，其测量结果往往是稳定的能力倾向，很少有研究关注在社交情境中个体即时自我监控的测量。针对这一不足，本节从 Snyder 自我监控问卷中抽取 9 个适当的项目并修改成适合于测量个体在特定情境中的状态自我监控（state self-monitoring），以检验在隐匿学习成绩信息的条件下学习不良少年自我监控的特点。本节假设，在可以隐匿学习成绩的条件下，学习不良少年会有更多的自我监控行为。

二、预研究：状态自我监控问卷的改编与探索性因素分析

（一）项目的选取与修改

为了区分个体之间自我监控能力的差异，Snyder（1974）编制了 25 个项目

的自我监控问卷（self-monitoring scale，SMS）。这一问卷得到了普遍应用，是测量自我监控的经典工具之一。Briggs等认为该问卷由3个子量表组成：表演（acting）、外倾性（extraversion）和他人导向性（other-directedness）（Briggs et al.，1980）。其中，他人导向性子量表最接近自我监控的理论结构（Briggs & Cheek，1988）。基于此，本节选取了他人导向子量表的8个项目和另外两个较好反映自我监控理论结构的项目（共10个项目）组成本节的测量工具。

由于原来问卷测量的是个体稳定的自我监控能力，反映的是通常状态下人们的特质自我监控，可能对情境中的状态自我监控不够敏感，因此，在将SMS中的项目用于测量本节的访谈情境中的自我监控行为前，还需要对其进行一定的修改。

参照以往将特质自尊项目修改成为状态自尊测量项目的方法（Major et al.，1998），本节对选取的10个项目进行了相应的修改。我们的修改方法包括以下几个方面：首先，在每个项目都加入"在交谈中"；然后，将项目中的"其他人"替换成"老师"；最后，删除与实验情境无关的词语。通过这些操作，原来测量特质自我监控的问卷就被修改成了状态自我监控问卷（state self-monitoring scale），用来测量被试在实验访谈中的自我监控行为。

（二）被试

从某中学初一、初二年级中随机挑选100名学生，剔除2份无效问卷，共得到有效被试98人。其中，男生51人，女生47人。

（三）研究程序

预研究按照以下程序进行：①被试参加一个类似于随后正式研究的个体访谈情境，即要求每个被试首先与一个陌生的专家进行访谈；②随后填写状态自我监控问卷；③将收回的数据进行整理，分析确定了问卷的维度和信度。

（四）结果与讨论

为了检验状态自我监控问卷的结构维度及信度，本节对预测数据进行了探索性因素分析。

首先，对数据进行了 Bartlett 球形检验和样本量适宜性的 KMO 检验，球形检验值为 321.04，$p < 0.001$，KMO 值为 0.80，这两个结果表明预测的数据适合做因素分析。

随后对问卷的 10 个项目进行分析，使用主成分分析，共得到 2 个特征根值大于 1 的因素，累积方差贡献率为 54.23%。

为了使剩余的项目所组成的问卷更加稳定和有效，在随后的数据分析中我们采取了两种数据分析策略，首先，使用 Cronbach（1951）提出的方法，检验删除每个项目后各因素内部一致性信度变化的情况。如删除某一项目后，该项目所对应的因素内部一致性信度能够有显著的提高，就表示该项目影响了整个因素的稳定性，应该考虑删除（Cronbach，1951）。信度分析的结果表明，第一个因素中删除第 9 个项目后内部一致性信度会有所提高，而对于第二个因素来说，删除任何一个项目都不能提高内部一致性信度，因此将第 9 个项目删除。

其次，我们对剩余项目再次进行因素分析。对剩余 9 个项目使用主成分分析和方差最大旋转法进行第二次因素分析，共得到 2 个因素，累积方差贡献率为 56.28%，项目的因素负荷都在 0.45 以上，各项目的因素负荷如表 5-4 所示。

表 5-4　状态自我监控问卷的因素项目及负荷

题项	因素 1	因素 2
1. 访谈中，我并不试图去做老师喜欢的事	0.84	0.19
2. 我不会为了让老师快乐或赢得帮助而改变我的看法（或做事方式）	0.82	0.13
3. 我会留心观察老师的行动，并把它作为我的行动线索	0.81	0.20
4. 我努力改变自己的行为以适应谈话情境	0.69	0.39
5. 我在老师面前表现出的情感比我所体验到的真实情况深刻得多	0.11	0.78
6. 我的行为表达了我的真实情感	0.10	0.72
7. 我表现成了一个完全不同的人	0.19	0.69
8. 我并不是我所表现出来的那个人	0.30	0.51
10. 我常觉得有一点局促不安，我的表现也不如我应该做到的那样好	0.30	0.45

内部一致性检验的结果表明，因素 1 各项目的 α 系数为 0.85，因素 2 个项目的 α 系数为 0.70，两个因素中删除任一项目都不能提高 α 系数。基于此，9 个项目的状态自我监控问卷共有两个维度：第一个维度包含项目 1、2、3、4；第二个维度包含项目 5、6、7、8、9。从项目的内容上看，第一个因素反映的是符合情境的期望，个体根据情境的线索调节行为的倾向，称为情境关注（outward focusing），分数越高说明越倾向于利用外部情境线索对行为进行调节；第二个因素主要关注个体在实验情境中的表现与真实自我的差异程度，反映了个体依据自身内部线索调节自我表现的倾向，称为内部关注（inward focusing），分数越高说明被试体验到的在情境中的表现与真实自我越不一致，修正自我表现行为的倾向越强。

三、正式研究

（一）研究方法

1. 被试

被试来自河北某中学初中一年级和二年级学习不良少年和非学习不良少年，其中学习不良被试 43 人，男生 31 人，女生 12 人；非学习不良被试 43 人，男生 20 人，女生 23 人。

2. 测量工具

状态自我监控问卷改编于 Snyder 等编制的自我监控问卷的他人导向子维度（以及另一个更加接近自我监控概念的项目），共包括 9 个项目。在预测分析中，该问卷共包括情境关注和内部关注两个维度，子量表信度系数均在 0.70 以上。为了进一步验证问卷结构的合理性，用本节数据对 9 个项目的二因素结构进行了验证性因素分析，模型各拟合指数如表 5-5 所示。

表 5-5 状态自我监控问卷的拟合指数

项目	χ^2	df	χ^2/df	GFI	CFI	NNFI	RMSEA
拟合度	31.26	26	1.20	0.92	0.96	0.94	0.049

由表 5–5 可知，9 个项目两个维度的状态自我监控量表的各项指标均达到了可接受水平，说明该模型的拟合度较好，问卷具有较好的结构效度。

3. 实验设计

研究采用 2（学习不良少年 vs. 非学习不良少年）× 2（优生情境 vs. 差生情境）的组间设计。优生情境和差生情境的指导语与前面研究相同。LD 和 NLD 被随机分配到两种实验情境中。同样，其中 LD 分配在优生情境时为隐匿条件；LD 分配在差生情境时为非隐匿条件。

4. 研究程序

整个实验依照以下程序进行：①实验助手接待被试，向被试介绍自己的身份（实习教师）及实验的大概情况；②实验助手分配实验情境，将不同类型的被试随机分配到两个实验情境中；③实验助手将被试带入实验室，向主试（由一男性和一女性研究生担当）介绍被试的学习情况（按照事先和被试交代的内容向主试介绍），随后离开实验室；④主试进行正式访谈，访谈问题包括一些中性问题、学习相关问题和差生相关的问题；⑤访谈结束后，被试填写状态自我监控问卷；⑥主试答谢并鼓励被试。

（二）结果

为了检验隐匿学习成绩信息对自我监控的影响，首先对量表总分进行方差分析。结果表明，被试类型主效应显著［$F(1, 82) = 6.807$，$p = 0.011$］，学习不良少年的自我监控行为（$M = 33.977$）明显多于非学习不良少年（$M = 28.279$）；实验情境主效应不显著［$F(1, 82) = 0.312$，$p = 0.587$］，优生情境中被试的自我监控行为（$M = 30.581$）和差生情境中被试的自我监控行为（$M = 31.674$）没有显著差异；被试类型和实验情境之间没有显著的交互作用［$F(1, 82) = 2.164$，$p = 0.145$］。两种实验情境下被试的自我监控的总分如图 5–1 所示。

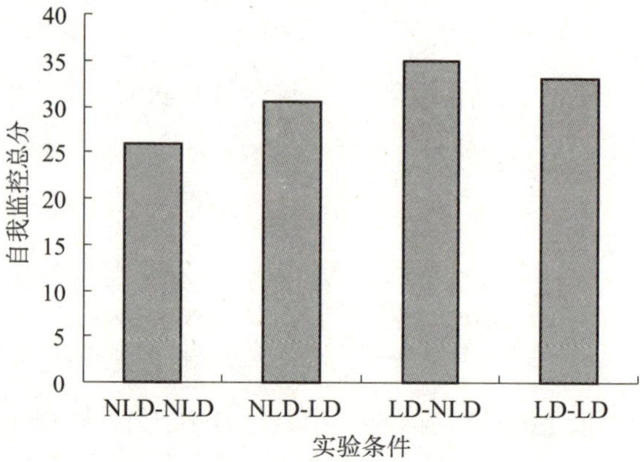

图 5–1 各种实验条件下被试的自我监控行为

NLD-NLD表示非学习不良少年在优生情境中；NLA-LD表示非学习不良少年在差生情境中；LD-NLD表示学习不良少年在优生情境中；LD-LD表示学习不良少年在差生情境中

为进一步考察隐匿学习成绩信息对自我监控两个子维度的影响，对自我监控两个子维度进行 2（被试类型）× 2（实验情境）的多元方差分析，被试在状态自我监控两个子维度上的得分如表 5–6 所示。结果表明，被试类型主效应显著［F（2，81）= 3.379，p = 0.039］；实验情境主效应不显著［F（2，81）= 0.166，p = 0.847］；被试类型和实验情境的交互作用显著［F（2，81）= 3.333，p = 0.041］。这些结果表明，在实验访谈中不同类型被试的自我监控水平有着显著差异，被试类型和实验情境对自我监控也有着显著的交互作用，而不同实验情境对自我监控没有影响。

表 5-6 各种实验条件下被试自我监控子维度的得分：*M*（*SD*）

项目	非学习不良少年		学习不良少年	
	优生情境	差生情境	优生情境	差生情境
情境关注	12.19（1.34）	13.32（1.31）	15.73（1.31）	16.10（1.34）
内部关注	13.81（1.22）	17.14（1.19）	19.23（1.19）	16.86（1.22）

注：括号内为标准误

进一步分析表明，被试类型主效应在两个子维度上都达到了显著水平，其中，在情境关注子维度，学习不良少年的依据情境线索调整自己行为的倾向（M = 15.911）显著高于非学习不良少年（M = 12.754）［F（1，82）= 5.701，p = 0.019］；对于内部关注子维度，不同类型被试之间存在显著差异，即学习不良少年实验情境中的表现与真实自我的差异程度（$M = 18.042$）明显强于非学习不良少年（$M = 15.473$）[$F(1, 81) = 4.561$，$p = 0.036$]。

被试类型与实验情境的交互作用在内部关注维度上达到了显著水平[$F(1, 82) = 5.606$，$p = 0.020$]，在情境关注维度上没有达到显著水平[$F(1, 82) = 0.083$，$p = 0.775$]。对内部关注维度进行简单效应分析发现，优生情境中学习不良少年（隐匿条件）体验到的情境表现与真实自我的差异程度明显强于非学习不良少年[$F(1, 41) = 14.317$，$p = 0.000$]；优生情境中学习不良少年与差生情境中的学习不良少年之间没有显著的差异[$F(1, 41) =2.055$，$p = 0.159$]；两种情境中的非学习不良被试之间也没有显著差异[$F(1, 41) = 3.623$，$p = 0.064$]。这些结果表明，与其他实验条件下的被试相比，隐匿学习成绩的学习不良被试应用内部线索调节自我表现行为的倾向最强。

四、学习不良少年隐匿污名的行为控制

本节应用状态自我监控问卷检验了学习不良少年和非学习不良少年在可以隐匿和不能隐匿学习成绩信息条件下，与陌生权威进行访谈时自我监控的特点，得到以下结论。

1）在两种不同的实验情境中，学习不良少年自我监控的总分显著高于非学习不良被试，表明在与陌生权威访谈的情境中，学习不良少年有着更多的自我监控行为。

2）优生情境中的学习不良少年（可以隐匿学习成绩）的内部关注得分显著高于优生情境中的非学习不良被试，另外3种实验条件下被试之间的得分没有显著差异，表明在可以隐匿学习成绩信息条件下，更倾向于利用内部线索调节自我表现。

3）学习不良少年情境关注的子维度得分显著高于非学习不良少年，表明学习不良少年都更多地利用了情境线索调节和修正自己的行为。

第六章

“学习不良”相关污名的效应及其意义

第一节　污名对学习不良少年的效应及作用机制

一、学习不良学生污名化的特点

（一）青少年学生对学习不良学生的态度

以往对污名群体态度的研究得出了不一致的结论。有研究表明，一般公众对污名群体并未表现出明显的消极态度（Blanchard et al.，1994；Plant & Devine，1998）；也有研究发现，与非污名群体相比，人们对于污名群体明显地持有消极态度（Angermeyer & Matschinger，2005；Link et al.，1987）。为什么出现了不一致的结论呢？可能是这些研究中使用的研究方法是受到意识控制的自我报告的方法，并未真正地测量到被试的真实感受。为了弥补这一研究上的缺陷，很多研究开始尝试使用新的方法，力图接近人们的真实想法——内隐态度的研究。对被污名群体内隐态度的研究似乎得到了一致结果——社会公众对被污名群体普遍持有消极的内隐态度（Bessenoff & Sherman，2000；Boysen et al.，2006；Teachman et al.，2006）。据此，可以推测，人们对被污名群体的态度并不像自我报告中所反映出来的那样积极，而是在人们的内心深处，对被污名群体存在着一定的偏见。但是以往的研究还是未能解决一个关键的问题：它们只关注了一般公众对被污者的态度，却很少有研究探索被污名群体成员对其自身的态度，尤其是更能反映人们真实想法的内隐态度。

外显态度和内隐态度的研究结果表明，不但非学习不良少年对学习不良少年（本书中的差学生）持有较强的消极外显态度和消极内隐态度，甚至连学习不良少年自身对学习不良群体也存在消极的内隐态度和外显态度，并且均有较高的效应值。虽然外显态度的结果也表明非学习不良少年对好学生的态度比学习不良少年更加积极，学习不良少年对差学生的评价比非学习不良少年积极，但是这一差异在内隐态度的评价中却不复存在，无论是学习不良少年还是非学习不良少年，也不论是男生还是女生，与对好学生的评价相比，对差学生的内隐态度都是非常消极的。这表明在长期的校园生活中，青少年学生包括学习不良少年自身都对学习不良群体持有稳固的消极刻板印象，并已经深入到每个青少年学生的内心深处。究其原因，很可能是主流社会文化强调的对差学生的消极刻板印象起着重要作用。这主要体现在当前的社会价值观过于强调学习成绩对青少年学生价值的核心性和重要性。尤其是在我们的国家中，学习成绩好坏直接影响着一个学生在班级或学校中的地位和价值，一好百好，一差百差。学习成绩好就意味着聪明、勤奋、上进、有涵养、有素质；学习成绩不好就表明脑子笨、反应慢、没上进心、爱打架、品质差、素质低。在家庭中，父母从小就给孩子灌输学习不好的学生是没出息、差劲的、被人瞧不起的等等，为了证明这些消极观念，他们还经常举一些身边活生生的例子（如谁家孩子学习不好如何遭到大家的嘲笑，大人如何没有面子等）来教育孩子好好学习。因此，从儿童走进学校的那一天开始，就有着"差学生-消极"这一根深蒂固的联结。在长期鼓励要在学习成绩上勇于竞争的校园环境中，竞争结果的反馈又会强化学习成绩对学生价值的核心性，进一步增强"差学生-消极"的联结。

（二）污名化的个体差异

1. 公众污名知觉的个体差异

结合所有被试的污名知觉的检验结果和学习不良被试单独污名知觉检验的结果，不难发现，学习不良被试污名知觉的特点与全体青少年被试污名知觉的特点相似，在歧视知觉和污名阻抗维度上同时出现了年级差异，即二年级学生在歧视知觉维度上的得分显著高于一年级学生和三年级学生。这一特点的出现可能是由于三个年级学生之间人际关系的特点造成的。本次取样的时间是第一学期期中考试后期末考试之前的时期。对于初一学生来说，同学之间还不是很熟悉，整个班级中还有没有依据学习成绩形成不同的群体（或地位），在相对较新的环境中，处于寻找亲密伙伴的尝试阶段，每个学生还都为自己未来的交往对象保留一定的余地，彼此之间还能做到相互尊重、相互谦让；初二学生经过一年多的相处，同学之间已经相当熟悉，固定的交往模式已经形成，每个人都有自己的亲密交往团体。在班级中，由于学习成绩水平不同，在班级中处于不同的地位。在尝试与其他群体的交往中，由于学习成绩不好，学习不良学生更容易遭受到其他同学的歧视，在交往中也更容易遭到拒绝、嘲笑或孤立。因此，在初二年级中，学习不良学生倾向于经历更多的歧视遭遇；到了初三年级，不同学习成绩水平的学生都有了各自固定的交往团体，好学生和好学生在一起，学习不良学生和学习不良学生在一起，不同交往团体之间很少有互动和联系。对于学生个体来说更加在意的是自己团体的价值观，不太在意其他团体的评价和看法。由于不再刻意寻求其他团体成员的关注，学习不良少年遭受到拒绝的机会相应减少。因此，污名知觉也就随之减少。

除了年级的差异，本书还发现不同年级中不同性别青少年的污名知觉存在显著差异，在 4 个维度上的得分男生均高于女生。而对于学习不良学生这一特殊的学生群体，初三年级污名知觉的性别差异表现得最明显。以往有研究表明，学习不良少年在说谎、逃学、偷窃、打架、违纪等行为问题上，男生明显多于女生（俞国良，1997），并且不同的年龄阶段，出现行为问题的频率和严重程度有所区别，且在某一阶段有某种占主导地位和支配地位的品德或行为问题，初中生主要的行为问题是攻击行为（林崇德，1989）。很可能到了初三年级，这些行为问题尤其是攻击行为表现得更为严重。而这些攻击行为是学习不良学生受到拒绝和排斥的主要原因，也正是这些攻击行为造成了学习不良男生受到更多的拒绝和歧视，这也是学习不良男生知觉到的污名多于女生的主要原因［具体体现在了刻板知觉（如爱打架）和认知区分两个维度上］。

2. 自我污名的个体差异

自我污名得到了与污名知觉相似的结果。在本书中，二年级自我污名的程度显著高于一年级和三年级学生，同时男生的得分显著高于女生。从前面的论述中我们不难发现，污名知觉和自我污名是两个联系比较紧密的概念，虽然知觉到了污名，但并不意味着认同或内化这些污名（Bowden et al.，1980；Wright et al.，2000），知觉到污名只是给内化污名提供了前提条件。很容易发现，学习不良少年的污名知觉与自我污名紧密联系在一起，自我污名与污名知觉表现出了相同的差异模式。这表明污名知觉为自我污名提供了前提：知觉到污名多的学生，内化的污名越多，自我污名的倾向越明显。很可能自我污名所得到的年龄差异和性别差异都是由于污名知觉的差异所引起的。

（三）学习不良污名化的程度及群体特定性

以往研究将被污名者报告的被污名知觉与理论平均值相比较的方法来检验相应群体被污名化的水平（Luoma et al.，2007）。本书同样借鉴该方法来考察不同成绩水平学生被污名化的程度。研究结果显示，在污名知觉的4个维度上，不但优秀学生和一般学生报告的污名知觉水平低于理论平均值，甚至学习不良学生的污名知觉水平也远远低于理论平均值。结果同时表明，优秀学生、一般学生和学习不良学生污名知觉的水平有逐渐升高的趋势（趋势分析表明，优秀学生到学习不良学生的趋势效应显著）。

根据这些结果，首先可以推断学习不良少年明显地知觉到了自己被污名化；其次，结合学习不良少年污名知觉的分数低于理论平均水平的结果，以及其他污名群体的研究结果（关于物质滥用群体研究中被试污名知觉高与理论平均值）（Luoma et al.，2007）相比较可知，学习不良少年的污名知觉水平并不高，即学习不良少年知觉到自己被中度或轻度污名化。这一结果的出现很可能是由于与其他污名群体相比，学习不良群体在校园中被污名化的程度并不严重，他们只是遭受到了中度或轻度的污名化。

虽然学习不良少年的污名知觉水平显著低于理论平均水平，学习不良少年只被中轻度污名化，但是结果还显示，学习不良少年污名知觉的水平显著高于一般学生和优秀学生，而一般学生和优秀学生之间没有显著的差异（刻板印象维度例外）。也就是说，在不同学习成绩水平学生所组成的连续体中，污名知觉并不是随着学习成绩降低而逐渐升高的，而是在学习成绩低到一定水平时（在本书中学习成绩班级排名后10%的学生）急剧变化（升高）的。低于这个界限的学生在与其他同学的交往中，遭遇到拒绝、歧视或排斥的机会明显多于其他学生，相应地，知觉到的污名也高于其他同学。很可能与非学习不良学生相比（一般学生和优秀学生），只有学习不良学生在校园中遭遇到了明显的污名化，是一个被污名化的群体。进而，可以进一步推测，污名效应是群体特定的，只存在于学习不良学生群体中。

二、污名对学习不良少年的影响

（一）污名对学业动机的影响

学习动机受到很多因素的影响，如学生对学业成败的归因方式（雷雳等，1998），家庭环境中父母提供的各种物质和心理支持（俞国良等，1998；张登印等，1997），学生的自我概念水平等。而对于学习不良学生这一特殊学生群体而言，学习不良相关的污名对学习动机的影响是非常值得教育工作者和研究者进行深入思考的。很多研究都相信群体相关的污名对被污名群体成员的行为动机存在着影响，只不过有的研究认为这种影响可能是直接的（Andreasen et al.，1995；Glynn，1998），有的研究者认为这种影响可能是间接的（Mak et al.，2007；Vogel et al.，2007）。同样，学习不良相关的污名对学业动机也可能存在着一定的直接影响或间接影响。

通过对以往文献的回顾，本书建构了3个污名对学业目标产生影响的路径模型：直接影响模型和间接影响模型。对于直接模型，我们假设学习不良相关的污名知觉对学业目标有着直接影响，可以有效预测学习不良学生的学业目标。对于间接模型的构建，基于以往的研究很可能会存在两个不同的形态：模型二，即学习不良相关的污名知觉通过自我污名和学业效能感对学业目标产生影响；模型三，即学习不良相关污名和自我污名相互影响，通过学业效能感对学业目标产生影响。随后，本书使用潜变量的路径分析，一一验证了研究数据对这些模型的拟合程度。通过比较分析，确定了模型二是一个理想并且合理的影响路径。

本书发现，污名对学业目标的影响是通过自我污名和学业效能感的中介来传递的。这说明，自我污名和学业效能感在污名知觉和学业目标之间起到了一种纽带作用。显然，学习不良学生在感觉到自己被污名化的同时，自我污名的倾向也就变得越来越强烈。这与以往公众污名和自我污名是相互促进的结论相一致（Corrigan，2004）。伴随着自我污名倾向的增强，一般自我效能感降低，学业效能感也相应地随着一般自我效能感的变化而变得更加消极，最终影响到了学业目标。值得注意的是，本书的结果还显示，污名对学业目标的影响是必须通过学业效能感的中介作用，污名对学业效能感不存在直接的影响。这可能是因为污名是外界的环境因素，还不足以影响到个体的内部因素——学业目标。要在两者之间建立起联系，纯外界的因素还需要通过个体的不断内化和吸收，逐渐转化成内部因素，进而传递对纯内部因素的影响。学习不良相关污名对学业动机的影响即遵循了这一过程。

（二）污名对自我概念的影响

1. 刻板印象威胁情境对任务反馈效果的削弱作用

Steele（1992，1997）认为，个体在特定情境中受到消极刻板印象影响的时候，被污名的个体会以不再认同相应领域是自我评价基础的方式界定或重新界定自我概念。被污名者更倾向于从他们被消极刻板的领域优先分离出他们的自尊（Tesser，1988）。也就是说，在刻板印象威胁情境中，被污名者的自尊水平不容易受到成绩结果反馈的影响。在本书的消极刻板印象威胁情境中，由于学习不良学生的消极刻板印象被激活，学习不良少年很可能会认为这个测验是有偏差且不适合自己的测验，并预期在随后的测验中不能取得理想的结果。为了避免将要出现消极结果的影响，保护自尊，他们首先从测验成绩反馈中分离出自尊，即测验成绩的反馈对自我评价不再具备重要的参考价值。换句话说，被试的自我评价不再基于最终的成绩反馈，两者不再具有紧密的联系。因此，测验反馈对自尊和情绪失去了影响力，自尊水平也不会随着反馈的不同而出现较大的波动，造成刻板印象威胁情境中两种反馈条件下的被试之间自尊水平没有显著的差异。与之相对应，在没有刻板印象威胁的情境中，学习不良少年的自尊水平明显地受到了反馈类型的影响，被试的自尊水平随着反馈的不同出现了较大的波动，获得积极反馈被试的自尊水平显著高于获得消极反馈的被试。

2. 刻板印象威胁情境对归因与自尊关系的影响

以往的很多研究都表明，自我概念与归因方式存在着密切的关系。自我概念的形成在一定程度上与个体的归因方式有关（Shavelson & Bolus，1982），尤其是内部归因方式对被试自我概念有着重要影响（刘晓陵和张进辅，2000）。在本书的刻板印象威胁情境中，学习不良少年的归因方式不能预测自尊水平。这表明，由于消极刻板印象被激活，被试从测验表现中分离出自尊，自尊水平不再受到测验成绩的影响，而归因倾向主要是针对测验成绩设定的，受到测验成绩反馈的影响。因此，在刻板印象威胁情境中，归因倾向与自尊之间就不存在必然的预测关系。而在控制情境中，被试取得积极结果时将其归于自己认真，取得消极结果时将其归因于自己能力不足（不够聪明）。这个结果表明，无论获得积极反馈还是消极反馈，学习不良少年都倾向于将原因归于内部因素，进而影响自尊水平。总之，本部分的研究表明，刻板印象威胁情境也影响了归因与自尊的关系，这很可能是刻板印象威胁情境中自我概念变化规律的一个重要机制。

综上所述，学习不良相关污名对学生自尊的形成有着相互矛盾的效应：一方面，它增加了学生对消极反馈归因的模糊性，即可以将消极反馈归因于自身能力不足，也可以将消极反馈归因于情境因素，在一定程度上保护了学习不良学生的自尊；另一方面，它削弱了不同类型反馈（积极或消极）对自尊的影响效果。一般情况下，接受积极反馈时个体的自尊升高，接受消极反馈时个体的自尊降低。但是当明确情境中可能存在污名效应时，对于某些学习不良学生来说（在本书中，高污名知觉的学习不良学生），不同类型的反馈可能就不再发生应有的效应，个体也不再遵循既有的归因模式，自尊水平也就维持在了一个常态的水平而不受积极或消极反馈的影响。

三、学习不良少年应对污名的心理控制

很多研究都表明，个体在知觉到污名的时候，往往要作出适应性的反应——应对反应。研究者总结出了很多污名应对策略，如尽量消除污名特征（如减肥）、隐匿污名、补偿社交情境中污名产生的问题（如敏感地觉察并适应交往伙伴的情感和动机）、回避对被污名者可能存在偏见的社交场合、向下比较（与自己相似或比自己差的人相比）、将消极事件归因于歧视、否认遭遇到歧视和重新建构自我概念等（Miller & Major，2000）。在这些应对策略中，被污名者使用最多的、最容易想到的就是隐匿污名身份特征。作为一种重要的污名应对策略，隐匿污名的心理效应得到了众多研究的关注，已经形成了当前污名研究领域中的一个热点（张宝山和俞国良，2007）。对于学习不良少年来说，当遇到陌生或感觉不安全的环境时，通常也会采用向社交伙伴隐匿相关污名的方式来保护自己免遭伤害。本书的最后一个部分考察了学习不良少年隐匿污名关键特征——隐匿消极学习成绩信息时的心理控制过程。

（一）隐匿消极学习成绩信息的认知控制

根据秘密的贯注模型（Lane & Wegner，1995），在隐匿学习相关信息的条件下，学习不良的被试会有明显的与学习相关想法的压抑和更多的学习相关想法的闯入意识的体验。但是本书的数据结果并没有完全支持这一预测。学习不良学生由于经常会遇到老师、家长和同伴有意或无意的区别性对待，他们能够非常清楚地意识到自己学习不良的身份特征，为了防止在社会交往中遭到其他个体的歧视，保护自我价值感，他们会经常有意识地隐匿自身学习不良的特征，压抑学习相关的想法。因此，他们形成了有效地压抑学习相关想法的策略，在很多情境中他们都能够有效地压抑自己的学习相关的想法而防止这些想法闯入意识，阻止了反弹效应的发生。在本书中，当学习不良学生与陌生权威访谈的时候，他们运用有效的策略成功地压抑了学习相关的想法，阻止了反弹效应的发生（即没有明显的学习相关想法的闯入体验）。因此，在自我报告中，虽然他们报告出了明显的学习相关想法的压抑水平，却没有报告出更多的学习相关想法闯入意识的体验。

Wegner和Smart（1997）等认为，人们某种想法的认知激活在意识和无意识两个层面可以分为4种形式：表层激活、深层激活、全面激活和没有激活。本书同时从有意识的（组词测验）和无意识的（Stroop词汇颜色命名任务）两个层面检验了学习相关想法的可获得性。组词测验的结果显示，差生情境中的学习不良被试学习相关词汇得分最高，表明他们与学习相关想法的可获得性较高。这一结果可能是由于在非隐匿学习信息条件下，学习不良被试会承受很大的压力，在访谈问题的引导下，他们会不停地思考自己的学习及相关问题，引起了学习相关想法的表层激活，他们可以在意识层面提取学习相关词汇，因而产生学习相关词汇的机会明显高于其他条件下的被试。而在隐匿条件下，由于保守秘密的需要，学习不良被试有效地压抑了学习相关的想法，虽然无意识的可获得性增加，但是在相当长的时间内（尤其是有足够的认知资源进行压抑操作的时候），被试还不能有意识地利用这些想法，产生学习相关的词汇。

以往研究发现，在不同认知的条件下，通过准确判断相关词汇颜色的反应时，可以有效测量目标相关想法在意识中出现或目标自动激活（Bargh & Pratto，1986；Wegner & Erber，1992）。因此，这一任务可以进一步验证被试在实验中学习相关想法的无意识的可获得性。Stroop词汇颜色命名的任务通过认知负荷来消耗被试的认知资源，当个体没有足够的认知资源进行心理压抑的时候，学习相关想法的压抑得到了解除，学习相关的想法就会闯入意识，干扰被试的反应，造成对学习相关词汇颜色判断的反应时延长。在隐匿学习成绩条件下的学习不良被试在高认知负荷时学习相关词汇的反应时慢于中性词汇，但是对于非隐匿学习成绩信息的学习不良被试和一般学业成就水平的被试则没有出现这一效应。这些都表明，努力隐匿自身学习特征的学习不良的被试引起了学习相关想法的无意识可获得性的增强。

（二）隐匿消极学习成绩信息的行为控制

在社交情境中，为避免暴露与自身污名相关的信息，隐匿污名的个体需要对自己的行为进行有意识的持续监控（Pachankis，2007）。大量研究发现，与正常状态相比，隐匿某种信息个体的行为发生了明显变化（Greene et al.，1985），表明隐匿信息的个体为了防止秘密的泄漏，对表现出来的公众形象进行了有意识的控制。虽然很早就有人发现自我监控与印象管理策略紧密联系（Snyder，1987），但是还有研究关注隐匿污名特征与自我监控之间的关系。本书通过比较不同实验条件下个体自我监控的差异，来考察隐匿消极学习成绩信息的学习不良学生行为控制过程的特点。

结果显示，状态自我监控的两个维度得到了不同结果。对于内部关注子维度，被试类型主效应显著，被试类型和实验情境的交互作用也显著，通过简单效应分析发现，优生情境中的学习不良被试（可以隐匿学习成绩）的得分显著高于优生情境中的非学习不良被试，而其他 3 种实验组合条件之间没有显著的差异。这些结果表明，在可以隐匿学习成绩信息条件下更倾向于利用内部线索调节自我表现，他们已经意识到为了适应实验情境的需要，在实验访谈中努力改变了自己的行为，压抑了自己的某些真实感受，明显地感觉到了实验中的表现与真实自我是不同的。这一结果正好支持了本书的假设。

对于情境关注的子维度，被试类型主效应达到了显著水平，但是被试类型和实验情境的交互作用不显著，即和非学习不良少年相比，在访谈情境中无论是否可以隐匿学习成绩，学习不良少年都更多地利用了情境线索调节和修正自己的行为。这可能是由实验情境本身的特点决定的。有研究表明，个体是否能够从自我监控中获益会受到消极刻板印象的影响（Flynn & Ames，2006）。本书的访谈情境是与学习相关的（如学习辅导的专家，学习相关的问题）有着消极刻板印象的情境，在这种情境中，自我监控行为对学习不良少年有着更加积极的效应。通过自我监控，学习不良少年不断地从环境中获取线索，修正自己的行为来抵消访谈老师对他们的消极期望，提高对他们的评价。因此，无论能否隐匿学习成绩信息，在消极刻板印象威胁的情境中，学习不良少年都会认真关注情境线索，不断地修正访谈中的自我表现。

四、"学习不良"污名效应研究的实践意义

本书的发现对以后的学习不良领域的研究有着重要的意义。

首先，要重视转变中小学生对学习不良学生的态度。对于大多数学习不良学生来说，当前主流的校园文化还不能给他们提供一个安全有效的学习和生

活环境（Ferri et al.，2001），使其身体素质和心理素质不能得到健康充分的发展。由于态度对行为的预测作用，对学习不良学生的消极态度很可能会导致对学习不良学生的消极行为，如歧视、拒绝和嘲笑等。以往很多研究也证实了这一推测（Greenham，1999；Kuhne & Wiener，2000）。消极行为给学习不良学生带来了很多成长问题，如体验到更多的孤独感（Yu et al.，2005）、消极的自我概念（俞国良和翁亚君，1996），以及其他的心理健康问题（王永丽和俞国良，2003）。因此，为解决学习不良学生的社会性发展问题，在当前的校园环境中应该首先尝试转变青少年学生对学习不良学生的态度，如进行更加深入的教育，强调学习成绩并非是一个学生价值的最重要的方面，社会需要各种人才，每个人都有自己的缺点和长处，充分发挥自己的特长就一定能实现价值、作出重要的贡献等，使学生真正认识到学习不良学生也有别人无法超越的强项，在最大程度上改变青少年学生对学习不良学生的消极态度。

其次，加强不同成绩水平学生之间的交往，增进彼此的了解，促进班级及整个校园生活的和谐发展。本书的结果显示，尽管所有青少年都稳定地对学习不良少年持有消极态度，对好学生持有积极态度（包括外显态度和内隐态度），但是外显态度的结果还显示，与非学习不良学生相比，学习不良学生对好学生持有相对消极的态度；与学习不良学生相比，非学习不良学生对差学生持有相对消极的态度。这一结果很可能暗示了学习不良学生和非学习不良学生之间存在的一种敌意的态度和行为。外显态度（青少年学生表现出来的）能够直接影响不同学业水平中学生之间的交往。如果学习不良学生对好学生持有消极的态度，非学习不良学生对差学生持有消极的态度将直接影响两类学生群体之间交往的质量，不利于对彼此优点和特长的了解。有研究认为，深入地交往有助于消除与某些群体相联系的污名（Desforges et al.，1991）。因此，未来的学校教育中需要在鼓励不同类型学生之间广泛深入交往上作出实质的努力，为发现和熟悉别人的优点和强项创造机会，并以此为契机消除学习不良学生相关的污名。

再次，要重点关注初二年级学生和男学生的心理行为特点。本书的结果发现，总体上说，初中二年级学生的污名化（公众污名知觉和自我污名）知觉多于一年级和三年级学生，并且，在各个年级中均表现出男生多于女生的趋势。学习不良学生与一般学生和优秀学生的污名化也有相同之处，如都是二年级水平最高，都是男生高于女生，表明学习不良学生的污名知觉和自我污名的发展是受到整个校园环境的影响的，整体上遵从了一般少年的发展规律。这提示我们，在未来污名相关研究中，要重点关注初二年级不同学习成绩水平学生以及不同性别学生之间的交往模式及特点，可以获得学习不良学生被污名化原因的更加全面的信息。

最后，对学习不良学生的干预研究中，应充分考虑到污名效应的影响，防止污名对干预方案的消极效应，利用污名的积极效应，最大程度地提升干预方案的效果。这里主要包括以下几个方面。

1）学习动机干预方案中要重视污名的影响。以往很多研究者尝试了对学习不良学生动机进行干预（杨漫欣和雷雳，2004），暂不讨论这些研究的干预效果如何，单就干预方案设定这一方面来看，并没有研究者考虑到污名对学业动机的影响。本书的结果表明，虽然没有直接的影响，但是学习不良相关的污名可以通过自我污名、学业效能感的中介作用间接地影响到学业目标。因此，未来对学习不良学生学业动机的干预，应将污名效应纳入到干预的范畴之内，既可以尝试直接消除污名，也可以通过干预影响路径中的某些中介变量（如减少自我污名或提高学业效能高）等方式减少污名的影响，增强学业动机。

2）对自我概念干预过程中要消除刻板印象威胁情境的影响。目前，大多数干预研究都使用对中等难度任务积极反馈的方式来提升学生的自我概念。本书的结果表明，在激活消极刻板印象的刻板印象威胁情境中，学习不良学生的自我概念不再受到不同任务反馈的影响。所以，在编写干预方案时，应适当考虑干预情境中可能存在的污名效应，增强任务反馈的积极影响，要避免激活学习不良学生的消极刻板印象。例如，干预过程中不使用和学习相关的任务，不在公布考试成绩前后的一定时间内进行干预，等等。

3）关注隐匿污名效应的影响。本书发现，在社会交往中，由于可能尝试隐匿消极身份特征，学习不良学生会对认知和行为过程进行一定的心理控制，进而影响到社会交往中的角色扮演。如果在设计干预方案的时候能够考虑到隐匿污名效应的影响，一定会使干预的效果更加明显和牢固。例如，对学习不良学生的学习技能进行干预的时候，出于迎合干预者期望和保护自尊的需要，学习不良学生可能会有意地隐匿自己没弄懂的知识，表现得自己什么都懂了，同时，心理又为撒谎而自责，很可能会影响继续参与干预方案的热情。如果能在设计干预方案的时候考虑到这些影响，就可以避免学习不良学生在干预中毫无收获，又能够一直保持他们参与干预方案的积极性。

第二节　本书的创新之处

首先，从选题上看，本书以学习不良相关污名为研究对象，系统地探讨了青少年对学习不良学生的态度、学习不良学生污名知觉的特点、学习不良相关污名对青少年学生学业目标和自尊产生影响的机制及青少年学生应对学习不良污名的心理过程，既丰富了社会污名效应的研究领域，也为探索学习不良少年社会性发展的规律、提高学习不良学生心理健康的干预提供了新的研究视角。

其次，从研究方法上看，本书也有一定创新，主要体现在以下两个方面：①实现了用相同材料比较人们内隐态度和外显态度，为以后相关研究提供了一个更加科学的研究手段。②污名测量方法的创新。本书将个体间的污名化看成是程度上的不同而非状态的对立（即污名化是从低到高的连续体，而不是一个“有”或“无”的对立状态），并以此为基础，开发出了适用于所有青少年学生的污名知觉问卷和自我污名问卷。既关注到了学习不良学生和具有重要参考价值的非学习不良学生之间污名化的差异，也检验了学习不良学生污名知觉和自我污名的特点。

最后，建立了学习不良相关污名对学业目标产生影响的一个可能的中介模型。本书首次提出了学习不良相关污名可能影响学业目标的概念模型，把污名知觉、自我污名和学业效能感作为中介变量，并检验了该模型的合理性，这比以往的相关研究更加明确地检验了污名对个体动机的影响，为未来对学习不良学生的干预研究提供了一定的理论基础。

第三节　未来研究展望

未来相关领域的研究，可在以下几个方面进行深化或拓展。

首先，需要扩展研究群体，更加深入地探讨学习不良效应发展特点相关的问题。如学习不良相关污名从什么时候开始对青少年学生产生影响；到什么时候影响减少或消失；步入社会后，人们是否还会受到学习不良相关污名的影响，以及在什么情境中可能会受到影响，等等。要解决这些问题，除了要研究更广泛的年龄跨度的学生群体外，还需要关注走出校园后不同时间阶段的青少年或成年人群体。

其次，学习不良污名效应的研究领域也需要扩展。本书只揭示了学习不良相关污名对个体效应的一小部分，还有更加广阔的领域需要研究者投入更多的精力。如学习不良污名是否对更广泛意义上的学生心理健康和身体健康产生了影响，学习不良污名是否与学习不良学生的认知能力、社会技能、自我认同等方面发展的滞后也存在着一定的联系；在离开校园后，学习不良相关的污名还存在哪些效应，等等。研究者需要通过多种研究方法对这些问题进行更加深入的探讨。

最后，需要开展消除污名消极效应的去污名化研究。基础研究的发现始终要走向应用，为应用服务。污名效应的研究也同样要为消除污名服务。研究者通过使用宣传、教育和深入接触等方法，在社区居民中开展了对精神病患者的去污名化研究（Estroff et al.，2004），并取得了一定的成效。未来可结合以往干预方法和本书的结果编制更加有效的干预方案，在青少年学生中开展对学习不良学生的去污名化研究。

第七章

本书观点总结

本书以青少年对学习不良学生的态度为基础，系统地检验了学习不良少年污名化知觉（包括公众污名知觉和自我污名知觉）的特点，污名对学习不良少年学业目标和自尊影响的机制，以及学习不良学生应对污名的心理特点等污名对学习不良少年的一些效应。从本书中，可以得到以下一些结论。

1）通过比较学习不良少年和非学习不良少年对学习不良学生的外显态度和内隐态度，研究发现，青少年学生对学习不良学生普遍持有消极的内隐态度和外显态度。在外显态度方面，与学习不良少年相比，非学习不良少年对学习不良学生的外显态度更加消极；在内隐态度方面，学习不良少年和非学习不良少年对学习不良学生的态度没有显著差异，男生和女生之间没有显著差异，表明包括学习不良少年在内的青少年学生都普遍地对学习不良学生持有消极的内隐态度，并且这种态度是非常稳定的，不会因学生类型的不同而有所差异。

2）为了考察学习不良学生污名化知觉的特点，将新编制的具有较好信度和效度的“污名知觉问卷”和“自我污名问卷”施测于青少年学生。结果发现，非学习不良少年（包括一般学生和优秀学生）和学习不良少年的污名化知觉（包括公众污名知觉和自我污名）的平均分都显著低于理论平均水平，表明学习不良学生只是被社会文化轻度或中度污名化；通过将不同成绩水平学生进行比较的结果显示，学习不良少年的污名化知觉显著多于一般学生和优秀学生；并且，从总体上看，二年级学生污名化知觉多于一年级和三年级，男生的污名化知觉多于女生，学习不良少年也表现出了同样的年级差异和性别差异。

3）污名对学习不良学生的学业动机和自尊存在着影响。学习不良相关的污名是通过污名知觉、自我污名和学业效能感的中介传递作用实现其对学业目标的影响的。学习不良学生知觉到的污名越多，其学业目标越容易受到消极影响。另外，本书还发现，污名可以影响任务反馈与自尊之间的关系，在没有启动消极刻板印象的控制情境中，任务成败的反馈可以影响学习不良少年的自尊，即获得积极反馈时自尊提升，获得消极反馈时自尊降低；在启动消极刻板印象的刻板印象威胁情境中，学习不良少年的自尊水平不再随着反馈的不同而发生变化，即得到积极反馈和消极反馈的学习不良学生的自尊没有显著差异。这很可能是由于激活的关于学习不良学生的消极刻板印象削弱了任务成败反馈对学习不良学生情绪和自尊的影响。

4）与陌生专家进行访谈时，通过隐匿学习消极学习成绩信息应对污名的学习不良少年进行了明显的心理控制。在认知方面，隐匿污名的学习不良少年的学习相关想法的压抑、学习相关想法的闯入体验，以及学习相关想法的可获得性，都显著多于其他条件下的被试（包括非学习不良少年和不能隐匿污名的学习不良少年）；在行为方面，隐匿污名的学习不良少年使用了更多的自我监控，调节、修正访谈过程中的自我表现，尤其是利用个人内部线索调节自我表现的倾向更加明显。

参考文献

蔡华俭．2003. 内隐自尊效应及内隐自尊与外显自尊的关系．心理学报，35（6）：796-801.

蔡华俭，杨治良．2002. 大学生性别自我概念的结构．心理学报，34（2）：168-174.

蔡华俭，杨治良．2003. 内隐自尊的稳定性——成败操纵对内隐自尊的影响．心理科学，26（3）：461-464.

董妍．2006. 学习不良青少年学业情绪研究：特点、影响学业成就的机制及干预．中国科学院研究生院．

郭瑛，徐玲，邵瑜．2007. 护理高职生学习动机，学习效能感与学业成绩的关系．解放军护理杂志，24（12A）：1-3.

侯杰泰，温忠麟，成子娟．2004. 结构方程模型及其应用．北京：教育科学出版社．

姜乾金．1999. 领悟社会支持量表 PSSS. 见：汪向东王希林，马弘编．心理卫生评定量表手册．北京：中国心理卫生杂志社：17-118.

乐国安．2004. 图式理论对社会心理学研究的影响．江西师范大学学报（哲学社会科学版），37（1）：19-25.

雷雳，张钦，侯志瑾．1998. 学习不良初中生的成败归因与学习动机．心理发展与教育，（4）：37-40.

李强，高文珺，许丹．2008. 心理疾病污名形成理论述评．心理科学进展，16（4）：582-589.

李艳红，高桂英．2002. 学习不良儿童的孤独感刍议．天水师范学院学报，22（3）：56-58.

林崇德．1989. 品德发展心理学．上海：上海教育出版社．

刘晓陵，张进辅．2000. 高一学生物理成绩，学习归因以及学业自我概念关系的研究．西南师范大学学报（自然科学版），25（3）：326-331.

任俊．2006. 积极心理学．上海：上海教育出版社：98-106

汪向东，王希林，马弘．1999. 心理卫生评定量表手册．北京：中国心理卫生杂志社．

王沛．2000. 论社会信息的记忆表征．集美大学学报，1（4）：48-54.

王永丽，俞国良．2003. 学习不良儿童的心理行为问题．心理科学进展，11（6）：675-679.

温忠麟，侯杰泰，张雷．2005. 调节效应与中介效应的比较和应用．心理学报，37（2）：268-274.

吴小勇，杨红升，程蕾等．2011. 身份凸显性：启动自我的开关．心理科学进展，19（5）：712-722.

辛自强，俞国良．1999. 学习不良的界定与操作化定义．心理科学动态，7（2）：52-62.

杨柳，刘力 . 2008. 污名应对研究：发展脉络，理论取向与展望 . 心理科学进展，16（5）：815-825.

杨漫欣，雷雳 . 2004. 学习不良学生学习中的自我调节 . 中国心理卫生杂志，18（2）：117-118.

俞国良 . 1997. 学习不良儿童社会性发展特点的研究 . 心理科学，20（1）：31-35.

俞国良 . 2005. 学习不良：一个有待拓展和深化的研究领域 . 心理科学进展，13（5）：545-546.

俞国良 . 2010. 社会心理学 . 北京：北京师范大学出版社：116-166.

俞国良，翁亚君 . 1996. 10—15 岁学习不良儿童自我概念发展的研究 . 心理发展与教育，2：54-59.

俞国良，辛自强，罗晓路 . 2000. 学习不良儿童孤独感，同伴接受性的特点及其与家庭功能的关系 . 心理学报，32（1）：59-64.

俞国良，张登印，林崇德 . 1998. 学习不良儿童的家庭资源对其认知发展，学习动机的影响 . 心理学报，30（2）：174-181.

张宝山，俞国良 . 2007. 污名现象及其心理效应 . 心理科学进展，15（6）：993-1001.

张登印，俞国良，林崇德 . 1997. 学习不良儿童与一般儿童认知发展，学习动机和家庭资源的比较 . 心理发展与教育，（2）：52-56.

张红涛，王二平 . 2007. 态度与行为关系研究现状及发展趋势 . 心理学进展，15（1）：163-168.

张俊娥，郑美春，苏小茵等 . 2005. 社会支持对结肠造口患者自尊变化的影响 . 中华护理杂志，40（7）：489-492.

张林，张向葵 . 2003. 中学生学习策略运用，学习效能感，学习坚持性与学业成就关系的研究 . 心理科学，26（4）：603-607.

张学民，申继亮 . 2002. 中学生学习动机，成就归因，学习效能感与成就状况之间因果关系的研究 . 心理学探新，22（4）：33-37.

张雅明，俞国良 . 2003. 美国学习不良的概念及发展 . 中国特殊教育，（5）：51-55.

张镇，李幼穗 . 2005. 内隐与外显自尊情境启动效应的研究 . 中国临床心理学杂志，13（3）：318-320.

周帆，王登峰 . 2005. 人格特质与外显自尊和内隐自尊的关系 . 心理学报，37（1）：100-105.

周琰，王学臣 . 2008. 大学生学习观及其与学习动机、自我效能感的关系 . 高等教育研究，25（1）：1-3.

Adelman H S, Taylor L.1983. Enhancing motivation for overcoming learning and behavior problems. Journal of Learning Disabilities, 16 (7): 384-392.

Ahrens C E. 2006. Being silenced: The impact of negative social reactions on the disclosure of rape. American Journal of Community Psychology, 38 (3): 263-274.

Allport G. 1954. The Nature of Prejudice. New York: Doubleday.

Alter A L, Aronson J, Darley J M, et al. 2010. Rising to the threat: Reducing stereotype threat by reframing the threat as a challenge. Journal of Experimental Social Psychology, 46 (1): 166-171.

Ambady N, Paik S K, Steele J, et al. 2004. Deflecting negative self-relevant stereotype activation: The effects of individuation. Journal of Experimental Social Psychology, 40 (3):401-408.

Andreasen N C, Roy M A, Flaum M. 1995. Positive and negative symptoms. *In* Hirch S R, Weinberger D R (Eds.). Schizophrenia.Oxford: Blackwell: 28-45.

Angermeyer M C, Matschinger H.2005. Labeling-stereotype-discrimination: An investigation of the stigma process. Social Psychiatry and Psychiatric Epidemiology, 40 (5): 391-395.

Aronson J, Fried C B, Good C. 2002. Reducing the effects of stereotype threat on African American college students by shaping theories of intelligence. Journal of Experimental Social Psychology, 38 (2): 113-125.

Aronson J, Lustina M J, Good C, et al. 1999. When white men can't do math: Necessary and sufficient factors in stereotype threat. Journal of Experimental Social Psychology, 35 (1): 29-46.

Aronson J. 2002. Stereotype threat: Contending and coping with unnerving expectations. *In* Aronson J (Eds.).Improving Academic Achievement: Impact of Psychological Factors on Education. San Diega: Academic Press: 279-301.

Austin J K, MacLeod J, Dunn D W, et al. 2004. Measuring stigma in children with epilepsy and their parents: Instrument development and testing. Epilepsy and Behavior, 5 (4): 472-482.

Baker G A, Brooks J, Buck D, et al. 2000. The stigma of epilepsy: A European perspective. Epilepsia, 41: 98-104.

Bandura A. 1988. Self-regulation of motivation and action through goal systems. *In* Pervin J, Hillsda A (Eds.). Soul Concepts in-Personality and Social Psychology. Hillsdale, N J: Jawence Ellaum Associate.

Barga N K. 1996. Students with learning disabilities in education: Managing a disability. Journal of Learning Disabilities, 29 (4): 413-421.

Bargh J A, Chen M, Burrows L.1996. Automaticity of social behavior: Direct effects of trait construct and stereotype activation on action. Journal of Personality and Social Psychology, 71 (2): 230-244.

Bargh J A, Pratto F. 1986. Individual construct accessibility and perceptual selection. Journal of Experimental Social Psychology (Print), 22 (4): 293-311.

Bargh J A, Tota M E. 1988. Context-dependent automatic processing in depression: Accessibility of negative constructs with regard to self but not others. Journal of Personality and Social Psychology, 54 (6): 925-939.

Bear G G, Minke K M, Manning M A.2002. Self-concept of students with learning disabilities: A meta-analysis. School Psychology Review, 31 (3): 405-427.

Ben-Zeev T, Fein S, Inzlicht M.2005. Arousal and stereotype threat. Journal of Experimental Social Psychology, 41 (2): 174-181.

Berger B E, Ferrans C E, Lashley F R. 2001. Measuring stigma in people with hiv: Psychometric assessment of the hiv stigma scale. Research in Nursing and Health, 24 (6): 518-529.

Bessenoff G R, Sherman J W. 2000. Automatic and controlled components of prejudice toward fat people: Evaluation versus stereotype activation. Social Cognition, 18 (4): 329-353.

Blair I V, Ma J E, Lenton A P. 2001. Imagining stereotypes away: The moderation of implicit stereotypes through mental imagery. Journal of Personality and Social Psychology, 81 (5): 828-841.

Blanchard F A, Crandall C S, Brigham J C, et al. 1994. Condemning and condoning racism: A social context approach to interracial settings. Journal of Applied Psychology, 79 (6): 993-997.

Blascovich J, Spencer S J, Quinn D, et al. 2001. African americans and high blood pressure: The role of stereotype threat. Psychological Science, 12 (3): 225-229.

Boetsch E A, Green P A, Pennington B F. 1996. Psychosocial correlates of dyslexia across the life span. Development and Psychopathology, 8:539-562.

Bosson J K, Haymovitz E L, Pinel E C. 2004. When saying and doing diverge: The effects of stereotype threat on self-reported versus non-verbal anxiety. Journal of Experimental Social Psychology, 40 (2): 247-255.

Bowden C L, Schoenfeld L S, Adams R L. 1980. Mental health attitudes and treatment expectations as treatment variables. Journal of Clinical Psychology, 36 (3): 653-657.

Bowen N K, Wegmann K M, Webber K C. 2012. Enhancing a brief writing intervention to combat stereotype threat among middle-school students. Journal of Educational Psychology, 105 (2): 427-435.

Boysen G A, Vogel D L, Madon S. 2006. A public versus private administration of the implicit association test. European Journal of Social Psychology, 36 (6): 845-856.

Briggs S R, Cheek J M, Buss A H. 1980. An analysis of the self-monitoring scale. Journal of Personality and Social Psychology, 38 (4): 679-686.

Briggs S R, Cheek J M. 1988. On the nature of self-monitoring: Problems with assessment, problems with validity. Journal of Personality and Social Psychology, 54 (4): 663-678.

Brown R P, Pinel E C. 2003. Stigma on my mind: Individual differences in the experience of stereotype threat. Journal of Experimental Social Psychology, 39 (6): 626-633.

Bunn J Y, Solomon S E, Miller C, et al. 2007. Measurement of stigma in people with HIV: A reexamination of the HIV stigma scale. AIDS Education and Prevention, 19 (3): 198-208.

Bussey K, Grimbeek E J. 1995. Disclosure processes: Issues for child sexual abuse victims. *In* Rotenberg K J (Ed.). Disclosure Processes in Children and Adolescents . Cambridge: Cambridge University Press: 166-203.

Cain R. 1991. Stigma management and gay identity development. Social Work, 36 (1): 67-73.

Chang A M, Mackenzie A E. 1998. State self-esteem following stroke. Stroke, 29 (11): 2325-2328.

Chapman J W. 1988. Learning disabled children's self-concepts. Review of Educational Research, 58 (3): 347-371.

Chaudoir S R, Fisher J D. 2010. The disclosure processes model: Understanding disclosure decision making and post disclosure outcomes among people living with a concealable stigmatized identity. Psychological Bulletin, 136 (2): 236-256.

Chaudoir S R, Quinn D M. 2010. Revealing concealable stigmatized identities: The impact of disclosure motivations and positive first-disclosure experiences on fear of disclosure and well-being.

Journal of Social Issues, 66 (3): 570-584.

Cohen G L, Garcia J, Apfel N, et al. 2006. Reducing the racial achievement gap: A social-psychological intervention. Science, 313 (5791): 1307-1310.

Cohen J. 1988. Statistical Power Analysis for the Behavioral Sciences. 2nd ed. Hillsdale, NJ: Erlbaum.

Cooper A E, Corrigan P W, Watson A C. 2003. Mental illness stigma and care seeking. The Journal of Nervous and Mental Disease, 191 (5): 339-341.

Corrigan P W. 1998. The impact of stigma on severe mental illness. Cognitive and Behavioral Practice, 5 (2): 201-222.

Corrigan P W, Penn D L. 1999. Lessons from social psychology on discrediting psychiatric stigma. The American Psychologist, 54 (9): 765-776.

Corrigan P W, Watson A C. 2002. The paradox of self-stigma and mental illness. Clinical Psychology: Science and Practice, 9 (1): 35-53.

Corrigan P W, Kerr A, Knudsen L. 2005. The stigma of mental illness: Explanatory models and methods for change. Applied and Preventive Psychology, 11 (3): 179-190.

Corrigan P W, Markowitz F E, Watson A C. 2004. Structural levels of mental illness stigma and discrimination. Schizophrenia Bulletin, 30 (3): 481-491.

Corrigan P W, Watson A C, Barr L. 2006. The self-stigma of mental illness: Implications for self-esteem and self-efficacy. Journal of Social and Clinical Psychology, 25 (8): 875-884.

Corrigan P, Matthews A. 2003. Stigma and disclosure: Implications for coming out of the closet. Journal of Mental Health, 12 (3): 235-248.

Corrigan P. 2004. How stigma interferes with mental health care. The American Psychologist, 59 (7): 614-625.

Coughlin D. 1997. The person with a learning disability as a minority group member. Journal of Learning Disabilities, 30 (5): 572-575.

Cramer J A, Westbrook L E, Devinsky O, et al. 1999. Development of the quality of life in epilepsy inventory for adolescents: The qolie-ad-48. Epilepsia, 40 (8): 1114-1121.

Crocker J, Cornwell B, Major B. 1993. The stigma of overweight: Affective consequences of attributional ambiguity. Journal of Personality and Social Psychology, 64 (1): 60-70.

Crocker J, Major B, Steele C. 1998. Social stigma. *In* Gilbert D T, Fiske S T, Lindzey G (Eds.). The Handbook of Social Psychology. Vol. 2. Boston, M A: McGraw-Hill Companies: 504-553.

Crocker J, Major B. 1989. Social stigma and self-esteem: The self-protective properties of stigma. Psychological Review, 96 (4): 608-630.

Crocker J, Voelkl K, Testa M, et al. 1991. Social stigma: The affective consequences of attributional ambiguity. Journal of Personality and Social Psychology, 60 (2): 218-228.

Cronbach L J. 1951. Coefficient alpha and the internal structure of tests. Psychometrika, 16 (3): 297-334.

Davies P G, Spencer S J, Quinn D M, et al. 2002. Consuming images: How television commercials that elicit stereotype threat can restrain women academically and professionally.

Personality and Social Psychology Bulletin, 28 (12): 1615-1628.

Davies P G, Spencer S J, Steele C M. 2005. Clearing the air: Identity safety moderates the effects of stereotype threat on women's leadership aspirations. Journal of Personality and Social Psychology, 88 (2): 276-287.

Day E N, Edgren K, Eshleman A. 2007. Measuring stigma toward mental illness: Development and application of the mental illness stigma scale. Journal of Applied Social Psychology, 37 (10): 2191-2219.

Dean M A, Roth P L, Bobko P. 2008. Ethnic and gender subgroup differences in assessment center ratings: A meta-analysis. Journal of Applied Psychology, 93 (3): 685-691.

Deci E L. 1987. The support of autonomy and the control ofbehavior. Journal of Personalityand Social Psychology, 53 (6): 1024-1037.

Deisinger J A. 2004. Conceptualizations of learning disabilities: Beyond the ability-achievement discrepancy. *In* Burkhardt S (Ed.). Current Perspectives on Learning Disabilities. Vol. 16. New York: Elsevier, Ltd: 1-20.

DePaulo B M. 1992. Nonverbal behavior and self-presentation. Psychological Bulletin, 111 (2): 203-243.

Desai M M, Rosenheck R A, Druss B G, et al. 2002. Mental disorders and quality of care among postacute myocardial infarction outpatients. Journal of Nervous and Mental Disease, 190, 51-53.

Desforges D M, Lord C G, Ramsey S L, et al. 1991. Effects of structured cooperative contact on changing negative attitudes toward stigmatized social groups. Journal of Personality and Social Psychology, 60 (4): 531-544.

Dickerson F B, Sommerville J, Origoni A E, et al. 2002. Experiences of stigma among outpatients with schizophrenia. Schizophrenia Bulletin, 28 (1): 143-155.

Dijksterhuis A, Aarts H, Bargh J A, et al. 2000. On the relation between associative strength and automatic behavior. Journal of Experimental Social Psychology, 36 (5): 531-544.

Dorvil C. 2011. Stereotype Threat and Minority Students'Academic Achievement. Unpublished doctorial dissertation, Philadelphia College of Osteopathic Medicine.

Dovidio J F, Major B, Crocker J. 2000. Stigma: introduction and overview. *In* Heatherton, T F Kleck R E , Hebl M R. , et al. (Eds.). The Social Psychology of Stigma . New York: The Guilford Press:1-28.

Druss B G, Rosenheck R. 1997. Use of medical services by veterans with mental disorders. Psychosomatics, 38 (5): 451-458.

Dweck C S, Sorich L A. 1999. Mastery-oriented thinking. *In* Snyder C R (Ed.).Coping: The Psychology of What Works. New York: Oxford University Press: 232-251

Elbaum B, Vaughn S. 2001. School-based interventions to enhance the self-concept of students with learning disabilities: A meta-analysis. The Elementary School Journal, 303-329.

Elliot A J, Church M A. 1997. A hierarchical model of approach and avoidance achievement motivation. Journal of Personality and Social Psychology, 72 (1): 218-232.

Elliot A J, McGregor H A. 2001. A 2 x 2 achievement goal framework. Journal of Personality and Social Psychology, 80 (3): 501-519.

Elliott E S, Dweck C S. 1988. Goals: an approach to motivation and achievement. Journal of Personality and Social Psychology, 54 (1): 5-12.

Emlet C A. 2005. Measuring stigma in older and younger adults with hiv/aids: An analysis of an HIV stigma scale and initial exploration of subscales. Research on Social Work Practice, 15 (4): 291-300.

Estroff S E, Penn D L, Toporek J R. 2004. From stigma to discrimination: An analysis of community efforts to reduce the negative consequences of having a psychiatric disorder and label. Schizophrenia Bulletin, 30 (3): 493-509.

Everly B A, Shih M J, Ho G C. 2011. Don't Ask, Don't Tell? Does disclosure of gay identity affect partner performance? Journal of Experimental Social Psychology, 48 (1): 407-410.

Fenton W S, Blyler C R, Heinssen R K. 1997. Determinants of medication compliance in schizophrenia: Empirical and clinical findings. Schizophrenia Bulletin, 23 (4): 637-651.

Ferri B A, Connor D J, Solis S, et al. 2005. Teachers with ld: Ongoing negotiations with discourses of disability. Journal of learning disabilities, 38 (1): 62-78.

Ferri B A, Keefe C H, Gregg N. 2001. Teachers with learning disabilities: A view from both sides of the desk. Journal of Learning Disabilities, 34 (1): 22-32.

Flack J M, Amaro H, Jenkins W, et al. 1995. Paneli: Epidemiology of minority health. Health Psychology, 14: 592-600.

Flynn F J, Ames D R. 2006. What's good for the goose may not be as good for the gander: The benefits of self-monitoring for men and women in task groups and dyadic conflicts. Journal of Applied Psychology, 91 (2): 272-281.

Forbes C E, Schmader T. 2010. Retraining attitudes and stereotypes to affect motivation and cognitive capacity under stereotype threat. Journal of Personality and Social Psychology, 99 (5): 740-754.

Frable D E, Platt L, Hoey S. 1998. Concealable stigmas and positive self-perceptions: Feeling better around similar others. Journal of Personality and Social Psychology, 74 (4): 909-922.

Gans A M, Kenny M C, Ghany D L. 2003. Comparing the self-concept of students with and without learning disabilities. Journal of Learning Disabilities, 36 (3): 287-295.

Garcia S M, Hallahan M, Rosenthal R. 2007. Poor expression: Concealing social class stigma. Basic and Applied Social Psychology, 29 (2): 99-107.

Glynn S M. 1998. Psychopathology and social functioning in schizophrenia. *In* Mueser K T, Tarrier N (Eds.). Handbook of Social Functioning in Schizophrenia. Boston: Allyn Bacon: 66-78.

Goffman E. 1963. Stigma: Notes on the management of spoiled identity. Englewood Cliffs, NJ: Prentice-Hall.

Good C, Aronson J, Harder J A. 2008. Problems in the pipeline: Stereotype threat and women's achievement in high-level math courses. Journal of Applied Developmental Psychology, 29 (1): 17-28.

Good C, Aronson J, Inzlicht M. 2003. Improving adolescents' standardized test performance:

An intervention to reduce the effects of stereotype threat. Journal of Applied Developmental Psychology, 24 (6): 645-662.

Greenberg J, Pyszczynski T, Solomon S, et al. 1994. Role of consciousness and accessibility of death-related thoughts in mortality salience effects. Journal of Personality and Social Psychology, 67 (4): 627-637.

Greene J O, O'Hair H, Dan, et al. 1985. Planning and control of behavior during deception. Human Communication Research, 11 (3): 335-364.

Greene K. 2003. Privacy and disclosure of HIV in interpersonal relationships: A sourcebook for researchers and practitioners. Lawrence Erlbaum.

Greenham S L. 1999. Learning disabilities and psychosocial adjustment: A critical review. Child Neuropsychology, 5 (3): 171-196.

Greenwald A G, Banaji M R, Rudman L A, et al. 2002. A unified theory of implicit attitudes, stereotypes, self-esteem, and self-concept. Psychological Review, 109 (1): 3-25.

Greenwald A G, Banaji M R. 1995. Implicit social cognition: Attitudes, self-esteem, and stereotypes. Psychological Review, 102 (1): 4-27.

Greenwald A G, McGhee D E, Schwartz J L, et al. 1998. Measuring individual differences in implicit cognition: The implicit association test. Journal of Personality, 74 (6): 1464-1480.

Greenwald A G, Nosek B A, Banaji M R. 2003. Understanding and using the implicit association test: i. An improved scoring algorithm. Journal of Personality and Social Psychology, 85 (2): 197-216.

Gresky D M, Eyck L L T, Lord C G, et al. 2005. Effects of salient multiple identities on women's performance under mathematics stereotype threat. Sex Roles, 53 (9): 703-716.

Harter S, Connell J P. 1984. A model of children's achievement and related self-perception of competence. *In* Maehr M L, Pintrich P R (Eds.). Advances in Motivation and Achievemen. Vol. 3. Greenwich, CT: JAI Press Inc: 219-250.

Harter S. 1986. Processes underlying the construction, maintenance, and enhancement of the self-concept in children. *In* Suls J, Greenwald A G (Eds.). Psychological Perspectives on the Self Vol. 30. Hillsdale, NJ: Lawrence Erlbaum: 137-182.

Hatzenbuehler M L. 2009. How does sexual minority stigma "get under the skin"? A psychological mediation framework. Psychological Bulletin, 135 (5): 707-730.

Hayward P, Bright J A. 1997. Stigma and mental illness: A review and critique. Journal of Mental Health, 6 (4): 345-354.

Heatherton T F, Polivy J. 1991. Development and validation of a scale for measuring state self-esteem. Journal of Personality and Social Psychology, 60 (6): 895-910.

Hebl M R, Kleck R E. 2000. The social consequences of physical disability. *In* Heatherton T F, Kleck R E, Hebl M R (Eds.). The Social Psychology of Stigma. New York: Guilford Press: 419-439.

Hellendoorn J, Ruijssenaars W. 2000. Personal experiences and adjustment of Dutch adults with dyslexia. Remedial and Special Education, 21 (4): 227-239.

Hepler J B. 1995. Utilizing a group approach to improve the social skills of children with learning disabilities. *In* Feit M D, Wodarski J S, Ramey J H (Eds.). Capturing the Power of Diversity. Binghamton, New York: Haworth Press: 115-126.

Hepler J B. 1997. Evaluating a social skills program for children with learning disabilities. Social Work with Groups, 20 (3): 21-36.

Hershkowitz I, Lanes O, Lamb M E. 2007. Exploring the disclosure of child sexual abuse with alleged victims and their parents. Child Abuse Neglect, 31 (2): 111-123.

Hess T M, Auman C, Colcombe S J, et al. 2003. The impact of stereotype threat on age differences in memory performance. The Journals of Gerontology Series B: Psychological Sciences and Social Sciences, 58 (1): 3-11.

Hetrick E S, Martin A D. 1987. Developmental issues and their resolution for gay and lesbian adolescents. Journal of Homosexuality, 14 (1/2): 25-43.

Hofmann S G. 2006. The emotional consequences of social pragmatism: The psychophysiological correlates of self-monitoring. Biological Psychology, 73 (2): 169-174.

Holmes E P, River L P. 1998. Individual strategies for coping with the stigma of severe mental illness. Cognitive and Behavioral Practice, 5 (2): 231-239.

Holzemer W, Uys L, Chirwa M, et al. 2007. Validation of the HIV/AIDS Stigma Instrument-PLWA (HASI-P). AIDS Care, 19(8):1002-1012.

Hugenberg K, Bodenhausen G V. 2004. Category membership moderates the inhibition of social identities. Journal of Experimental Social Psychology, 40 (2): 233-238.

Hunter S V. 2011. Disclosure of child sexual abuse as a life-long process: implications for health professionals. Australian and New Zealand Journal of Family Therapy, 32 (2): 159-172.

Inzlicht M, Aronson J, Good C, et al. 2006. A particular resiliency to threatening environments. Journal of Experimental Social Psychology, 42 (3): 323-336.

Inzlicht M, Ben-Zeev T. 2000. A threatening intellectual environment: Why females are susceptible to experiencing problem-solving deficits in the presence of males. Psychological Science, 11: 365-371.

Inzlicht M, Ben-Zeev T. 2003. Do high-achieving female students underperform in private? The implications of threatening environments on intellectual processing. Journal of Educational Psychology, 95 (4): 796-805.

Inzlicht M, Kang S K. 2010. Stereotype threat spillover: How coping with threats to social identity affects aggression, eating, decision making, and attention. Journal of Personality and Social Psychology, 99 (3): 467-481.

Jacoby A. 1994. Felt versus enacted stigma: a concept revisited. Evidence from a study of people with epilepsy in remission. Social Science & Medicine, 38(2):269-274.

Jacoby A, Snape D, Baker, G A. 2005. Epilepsy and social identity: The stigma of a chronic neurological disorder. The Lancet Neurology, 4 (3): 171-178.

Jakobson A, Kikas E. 2007. Cognitive functioning in children with and without attention-deficit/hyperactivity disorder with and without comorbid learning disabilities. Journal of Learning Disabilities, 40 (3): 194-202.

Johns M, Inzlicht M, Schmader T. 2008. Stereotype threat and executive resource depletion: Examining the influence of emotion regulation. Journal of Experimental Psychology: General, 137 (4): 691-705.

Johns M, Schmader T, Martens A. 2005. Knowing is half the battle teaching stereotype threat as a means of improving women's math performance. Psychological Science, 16 (3): 175-179.

Jones E E, Farina A, Hastorf A H, et al. 1984. Social Stigma: The Psychology of Marked Relationships. New York: Freeman.

Jussim L, Nelson T E, Manis M, et al. 1995. Prejudice, stereotypes, and labeling effects: Sources of bias in person perception. Journal of Personality and Social Psychology, 68 (2): 228-246.

Kalichman S C, Simbayi L C, Jooste S, et al. 2005. Development of a brief scale to measure aids-related stigma in south africa. AIDS and Behavior, 9 (2): 135-143.

Kaplan A, Midgley.1999. The relationship between perceptions of the classroom goal structure and early adolescents' affect in school: The mediating role of coping strategies. Learning and Individual Differences, 11 (2): 187-212.

Kawakami K, Steele J R, Cifa C, et al. 2008. Approaching math increases math=me and math=pleasant. Journal of Experimental Social Psychology, 44 (3): 818-825.

Kistner J, Osborne M. 1987. A longitudinal study of ld children's self-evaluations. Learning Disability Quarterly, 258-266.

Kray L J, Reb J, Galinsky A D, et al. 2004. Stereotype reactance at the bargaining table: The effect of stereotype activation and power on claiming and creating value. Personality and Social Psychology Bulletin, 30 (4): 399-411.

Kroska A, Harkness S K. 2011. Coping with the stigma of mental illness: Empirically-grounded hypotheses from computer simulations. Social Forces, 89 (4): 1315-1339.

Kuhne M, Wiener J. 2000. Stability of social status of children with and without learning disabilities. Learning Disability Quarterly, 23 (1): 64-75.

Kurzban R, Leary M R. 2001. Evolutionary origins of stigmatization: The functions of social exclusion. Psychological Bulletin, 127 (2): 187-208.

Laditka S B, Laditka J N, Houck M M, et al. 2011. Not quite color blind: Ethnic and gender differences in attitudes toward older people among college students. The International Journal of Aging and Human Development, 73 (1): 53-71.

Laidlaw K, Wang D, Coelho C, et al. 2010. Attitudes to ageing and expectations for filial piety across chinese and british cultures: A pilot exploratory evaluation. Aging & Mental Health, 14 (3): 283-292.

Lane J D, Wegner D M. 1995. The cognitive consequences of secrecy. Journal of Personality and Social Psychology, 69 (2): 237-253.

Link B G, Cullen F T, Frank J, et al. 1987. The social rejection of former mental patients: Understanding why labels matter. American Journal of Sociology: 1461-1500.

Link B G, Cullen F T, Struening E, et al. 1989. A modified labeling theory approach to mental disorders: An empirical assessment. American Sociological Review: 400-423.

Link B G, Mirotznik J, Cullen F T. 1991. The effectiveness of stigma coping orientations: Can negative consequences of mental illness labeling be avoided? Journal of Health and Social Behavior, 32 (3): 302-320.

Link B G, Phelan J C. 2001. Conceptualizing stigma. Annual Review of Sociology, 27 (1): 363-385.

Link B G, Struening E L, Neese-Todd S, et al.2001. Stigma as a barrier to recovery: The consequences of stigma for the self-esteem of people with mental illnesses. Psychiatric Services, 52 (12): 1621-1626.

Link B G, Struening E L, Neese-Todd S, et al.2002. On describing and seeking to change the experience of stigma. American Journal of Psychiatric Rehabilitation, 6 (2): 201-231.

Link B G, Struening E L, Rahav M, et al. 1997. On stigma and its consequences: Evidence from a longitudinal study of men with dual diagnoses of mental illness and substance abuse. Journal of Health and Social Behavior: 177-190.

Link B G. 1987. Understanding labeling effects in the area of mental disorders: An assessment of the effects of expectations of rejection. American Sociological Review: 96-112.

Link B. 1982. Mental patient status, work, and income: An examination of the effects of a psychiatric label. American Sociological Review: 202-215.

Linnenbrink E A. 2005. The dilemma of performance-approach goals: The use of multiple goal contexts to promote students' motivation and learning. Journal of Educational Psychology, 97 (2): 197-213.

Luoma J B, Twohig M P, Waltz T, et al. 2007. An investigation of stigma in individuals receiving treatment for substance abuse. Addictive Behaviors, 32 (7): 1331-1346.

Maas J, Wismeijer A A J, Assen M A L M V, et al. 2012. Is it bad to have secrets? Cognitive preoccupation as a toxic element of secrecy. International Journal of Clinical and Health Psychology, 12 (1): 23-37.

Mabbott D J, Bisanz J. 2008. Computational skills, working memory, and conceptual knowledge in older children with mathematics learning disabilities. Journal of Learning Disabilities, 41 (1): 15-28.

Major B, Gramzow R H. 1999. Abortion as stigma: Cognitive and emotional implications of concealment. Journal of Personality and Social Psychology, 77 (4): 735-745.

Major B, O'Brien L. 2005. The social psychology of stigma. Annual Review of Psychology, 56: 393-421.

Major B, Quinton W J, McCoy S K.2002. Antecedents and consequences of attributions to discrimination: Theoretical and empirical advances. Advances in Experimental Social Psychology, 34: 251-330.

Major B, Spencer S, Schmader T, et al. 1998. Coping with negative stereotypes about intellectual performance: The role of psychological disengagement. Personality and Social Psychology Bulletin, 24 (1): 34-50.

Mak W W, Cheung R Y, Law R W, et al. 2007. Examining attribution model of self-stigma on social support and psychological well-being among people with HIV+/AIDS. Social Science Medicine, 64 (8): 1549-1559.

Markowitz F E. 1998. The effects of stigma on the psychological well-being and life satisfaction of persons with mental illness. Journal of Health and Social Behavior, 39: 335-347.

Marx D M, Ko S J, Friedman R A. 2009. The "Obama Effect": How a salient role model reduces race-based performance differences. Journal of Experimental Social Psychology, 45 (4): 953-956.

Marx D M, Roman J S. 2002. Female role models: Protecting women's math test performance. Personality and Social Psychology Bulletin, 28 (9): 1183-1193.

Marx D M, Stapel D A, Muller D. 2005. We can do it: The interplay of construal orientation and social comparisons under threat. Journal of Personality and Social Psychology, 88 (3): 432-446.

McGuire W J, McGuire C V, Winton W. 1979. Effects of household sex composition on the salience of one's gender in the spontaneous self-concept. Journal of Experimental Social Psychology, 15 (1): 77-90.

McIntyre R B, Lord C G, Gresky D M, et al. 2005. A social impact trend in the effects of role models on alleviating women's mathematics stereotype threat. Current Research in Social Psychology, 10 (9): 116-136.

McIntyre R B, Paulson R M, Lord C G. 2003. Alleviating women's mathematics stereotype threat through salience of group achievements. Journal of Experimental Social Psychology, 39 (1): 83-90.

Meltzer L, Roditi B, Houser J R, et al. 1998. Perceptions of academic strategies and competence in students with learning disabilities. Journal of Learning Disabilities, 31 (5): 437-451.

Melville J, Sniffen S, Crosby R, et al. 2003. Psychological impact of serological diagnosis of Herpes Simplex Virus type 2: A qualitative assessment.Sexually Transmitted Infections, 79 (4): 280-285.

Mendoza-Denton R, Downey G, Purdie V J, et al. 2002. Sensitivity to status-based rejection: Implications for african american students' college experience. Journal of Personality and Social Psychology, 83 (4): 896-918.

Meyer I H. 2003. Prejudice, social stress, and mental health in lesbian, gay, and bisexual populations: Conceptual issues and research evidence. Psychological Bulletin, 129 (5): 674-697.

Mikulincer M, Dolev T, Shaver P R. 2004. Attachment-related strategies during thought suppression: Ironic rebounds and vulnerable self-representations. Journal of Personality and Social Psychology, 87 (6): 940-956.

Miller C T, Major B. 2000. Coping with stigma and prejudice. *In* Heatherton T F, Kleck R E, Hebl M R. The Social Psychology of Stigma. New York: The Guilford Press: 243-272.

Miller M. 1984. Social acceptability characteristics of learning disabled students. Journal of Learning Disabilities, 17 (10): 619-621.

Morrell M J. 2002. Stigma and epilepsy. Epilepsy and Behavior, 3 (6): 21-25.

Moses T. 2010. Being treated differently: Stigma experiences with family, peers, and school staff among adolescents with mental health disorders. Social Science Medicine, 70: 985-993.

Nabuzoka D, Smith P K. 1993. Sociometric status and social behaviour of children with and without learning difficulties. Journal of Child Psychology and Psychiatry, 34 (8): 1435-1448.

Nadler A, Fisher J D. 1986. The role of threat to self-esteem and perceived control in recipient reaction to help: Theory development and empirical validation. Advances in Hydroscience, 19: 81-122.

Neuberg S L, Smith D M, Asher T. 2000. Why people stigmatize: Toward a biocultural framework. *In* Heatherton T F, Kleck E, HeblM R (Eds.). The Social Psychology of Stigma. New York: Guilford Press: 31-61.

Nosek B A, Banaji M R, Greenwald A G. 2002. Harvesting implicit group attitudes and beliefs from a demonstration website. Group Dynamics: Theory, Research, and Practice, 6 (1): 101-115.

O'Brien L, Crandall C S. 2003. Stereotype threat and arousal: Effects on women's math performance. Personality and Social Psychology Bulletin, 29 (6): 782-789.

Olney M F, Brockelman K F. 2003. Out of the disability closet: Strategic use of perception management by select university students with disabilities. Disability Society, 18 (1): 35-50.

Orenstein M. 2000. Smart but stuck: What every therapist needs to know about learning disabilities and imprisoned intelligence. Binghamton, NY: The Haworth Press.

Pachankis J E, Goldfried M R. 2006. Social anxiety in young gay men. Journal of Anxiety Disorders, 20 (8): 996-1015.

Pachankis J E. 2007. The psychological implications of concealing a stigma: A cognitive-affective-behavioral model. Psychological Bulletin, 133 (2): 328-345.

Paine M L, Hansen D J. 2002. Factors influencing children to self-disclose sexual abuse. Clinical Psychology Review, 22 (2): 271-295.

Paschal A M, Ablah E, Wetta-Hall R, et al. 2005. Stigma and safe havens: A medical sociological perspective on African-American female epilepsy patients. Epilepsy and Behavior, 7 (1): 106-115.

Pearl R, Bay M. 1999. Psychosocial correlates of learning disabilities. *In* Schwean L, Saklofske D H (Eds.). Handbook of Psychosocial Characteristics of Exceptional Children. New York: Kluwer/Plenum: 443-470.

Petrak J A, Doyle A M, Smith A, et al. 2001. Factors associated with self-disclosure of HIV serostatus to significant others. British Journal of Health Psychology, 6 (1): 69-79.

Petronio S S. 2002. Boundaries of privacy: Dialectics of disclosure. State University of New York Press.

Petronio S, Caughlin J P. 2006. Communication privacy management theory: Understanding families. *In* Braithwaite D O, Baxter L A (Eds.). Engaging Theories in Family Communication: Multiple Perspectives. Thousand Oaks: Sage Publications, Inc: 35-49.

Petronio S. 2010. Communication privacy management theory: What do we know about family privacy regulation? Journal of Family Theory Review, 2 (3): 175-196.

Pinel E C. 1999. Stigma consciousness: The psychology legacy of social stereotypes. Journal of Personality and Social Psychology, 76: 114-128.

Plant E A, Devine P G. 1998. Internal and external motivation to respond without prejudice.

Journal of Personality and Social Psychology, 75 (3): 811-832.

Poskiparta E, Niemi P, Lepola J, et al. 2003. Motivational-emotional vulnerability and difficulties in learning to read and spell. British Journal of Educational Psychology, 73 (2): 187-206.

Prout H T, Marcal S D, Marcal D C. 1992. A meta-analysis of self-reported personality characteristics of children and adolescents with learning disabilities. Journal of Psychoeducational Assessment, 10 (1): 59-64.

Pryor J B, Reeder G D, Yeadon C, et al. 2004. A dual-process model of reactions to perceived stigma. Journal of Personality and Social Psychology, 87 (4): 436-452.

Quinn D M. 2006. Concealable versus conspicuous stigmatized identities. *In* Levin S, van Laar C (Eds.). Stigma and group inequality: Social psychological perspectives . Mahwah, New Jersey: Lawrence Erlbaum Assoc Inc: 83-103.

Quinn D M, Chaudior S R. 2009. Living with a concealable stigma identity: The impact of anticipated stigma, centrality, salience, and cultural stigma on psychological distress and health. Journal of Personality and Social Psychology, 97 (4): 634-651.

Quinn D M, Spencer S J. 2001. The interference of stereotype threat with women's generation of mathematical problem-solving strategies. Journal of Social Issues, 57 (1): 55-71.

Quirk M P, Schwanenflugel P J. 2004. Do supplemental remedial reading programs address the motivational issues of struggling readers? An analysis of five popular programs. Reading Research and Instruction, 43 (3): 1-19.

Ritsher J B, Otilingam P G, Grajales M. 2003. Internalized stigma of mental illness: Psychometric properties of a new measure. Psychiatry Research, 121 (1): 31-49.

Roehling M V, Roehling P V, Pichler S. 2007. The relationship between body weight and perceived weight-related employment discrimination: The role of sex and race. Journal of Vocational Behavior, 71 (2): 300-318.

Rostosky S S, Riggle E D B, Gray B E, et al. 2007. Minority stress experiences in committed same-sex couple relationships. Professional Psychology: Research and Practice, 38 (4): 392-400.

Ruggiero K M, Taylor D M. 1997. Why minority group members perceive or do not perceive the discrimination that confronts them: The role of self-esteem and perceived control. Journal of Personality and Social Psychology, 72 (2): 373-389.

Ryan R, Kempner K, Emlen A C. 1980. The stigma of epilepsy as a self-concept. Epilepsia, 21(4):433-444.

Rydell R J, Boucher K L. 2009. Capitalizing on multiple social identities to prevent stereotype threat: the moderating role of self-esteem. Personality and Social Psychology Bulletin, 36 (2): 239-250.

Rydell R J, McConnell A R, Beilock S L. 2009. Multiple social identities and stereotype threat: Imbalance, accessibility, and working memory. Journal of Personality and Social Psychology, 96 (5): 949-966.

Sabatino D A. 1982. Research on achievement motivation with learning disabled populations. Advances in Learning and Behavioral Disabilities, 1: 75-116.

Scambler G, Hopkins A. 1986. Being epileptic: Coming to terms with stigma. Sociology of Health Illness, 8 (1): 26-43.

Schmader T, Johns M. 2003. Converging evidence that stereotype threat reduces working memory capacity. Journal of Personality and Social Psychology, 85 (3): 440-452.

Schmader T, Johns M, Forbes C. 2008. An integrated process model of stereotype threat effects on performance. Psychological Review, 115 (2): 336-356.

Schmader T. 2002. Gender identification moderates stereotype threat effects on women's math performance. Journal of Experimental Social Psychology, 38 (2): 194-201.

Schmader T. 2010. Stereotype threat deconstructed. Current Directions in Psychological Science, 19 (1): 14-18.

Seibt B, Förster J. 2004. Stereotype threat and performance: How self-stereotypes influence processing by inducing regulatory foci. Journal of Personality and Social Psychology, 87 (1): 38-56.

Sekaquaptewa D, Thompson M. 2002. The differential effects of solo status on members of high-and low-status groups. Personality and Social Psychology Bulletin, 28 (5): 694-707.

Sekaquaptewa D, Thompson M. 2003. Solo status, stereotype threat, and performance expectancies: Their effects on women's performance. Journal of Experimental Social Psychology, 39 (1): 68-74.

Shapiro J R, Williams A M, Hambarchyan M. 2013. Are all interventions created equal? A multi-threat approach to tailoring stereotype threat interventions. Journal of Personality and Social Psychology, 104 (2): 277-288.

Shavelson R J, Bolus R. 1982. Self-concept: The interplay of theory and methods. Journal of Educational Psychology, 74 (1): 3-17.

Shelton J N, Alegre J M, Son D. 2010. Social stigma and disadvantage: Current themes and future prospects. Journal of Social Issues, 66 (3): 618-633.

Sherman D K, Hartson K A, Binning K R, et al. 2013. Deflecting the trajectory and changing the narrative: How self-affirmation affects academic performance and motivation under identity threat. Journal of Personality and Social Psychology, 104 (4): 591-618.

Shih M, Ambady N, Richeson J A, Fujita K, et al. 2002. Stereotype performance boosts: The impact of self-relevance and the manner of stereotype activation. Journal of Personality and Social Psychology, 83: 638-647.

Shih M, Pittinsky T L, Ambady N. 1999. Stereotype susceptibility: Identity salience and shifts in quantitative performance. Psychological Science, 10 (1): 80-83.

Sidanius J, Pratto F. 1999. Social Dominance. Cambridge: Cambridge University Press.

Sideridis G D. 2005a. Goal orientation, academic achievement, and depression: Evidence in favor of a revised goal theory framework. Journal of Educational Psychology, 97 (3): 366-375.

Sideridis G D. 2005b. Performance approach-avoidance orientation and planned behaviour theory: Model. Reading and Writing Quarterly, 21: 331-359.

Sirey J A, Bruce M L, Alexopoulos G S, et al. 2001a. Stigma as a barrier to recovery: Perceived stigma and patient-rated severity of illness as predictors of antidepressant drug adherence.

Psychiatric Services, 52 (12): 1615-1620.

Sirey J A, Bruce M L, Alexopoulos G S, et al. 2001b. Perceived stigma as a predictor of treatment discontinuation in young and older outpatients with depression. American Journal of Psychiatry, 158 (3): 479-481.

Smart L, Wegner D M. 1999. Covering up what can't be seen: Concealable stigma and mental control. Journal of Personality and Social Psychology, 77 (3): 474-486.

Smart L, Wegner D M. 2000. The hidden costs of hidden stigma. *In* Heatherton T F, Kleck E, Hebl M R, et al (Eds.). The Social Psychology of Stigma. New York: The Guilford Press: 220-242.

Snyder M. 1974. Self-monitoring of expressive behavior. Journal of Personality and Social Psychology, 30 (4): 526-537.

Snyder M. 1987. Public Appearances, Private Realities: The Psychology of Self-monitoring. New York: Freeman/Times Books/Holt.

Sowell R L, Lowenstein A, Moneyham L, et al. 1997. Resources, stigma, and patterns of disclosure in rural women with hiv infection. Public Health Nursing, 14 (5): 302-312.

Spencer S J, Steele C M, Quinn D M. 1999. Stereotype threat and women's math performance. Journal of Experimental Social Psychology, 35 (1): 4-28.

Stafford M C, Scott R R. 1986. Stigma deviance and social control: Some conceptual issues. *In* Ainlay S C, Becker G, Coleman L M (Eds.). The Dilemma of Difference: A Multidisciplinary View of Stigma. New York: Plenum: 77-91.

Staller K M, Nelson-Gardell D. 2005. "A burden in your heart": Lessons of disclosure from female preadolescent and adolescent survivors of sexual abuse. Child Abuse Neglect, 29 (12): 1415-1432.

Steele, C. M. 1997. A threat in the air: How stereotypes shape intellectual identity and performance. American Psychologist, 52(6): 613-629.

Steele C M, Aronson J. 1995. Stereotype threat and the intellectual test performance of African-Americans. Journal of Personality and Social Psychology, 69 (5): 797-811.

Steele C M, Spencer S J, Aronson J. 2002. Contending with group image: The psychology of stereotype and social identity threat. *In* Znna M (Ed.). Advances in Experimental Social Psychology. Vol. 34. San Diegi, CA: Academic Press: 379-440.

Steele C M, Spencer S J, Aronson J. 2002. Contending with group image: The psychology of stereotype and social identity threat. Advances in Experimental Social Psychology, 34: 379-440.

Steele C M. 1997. A threat in the air: How stereotypes shape the intellectual identities and performance of women and african americans. American Psychologist, 52 (6): 613-629.

Steward W T, Herek G M, Ramakrishna J, et al. 2008. HIV-related stigma: Adapting a theoretical framework for use in India. Social Science Medicine, 67 (8): 1225-1235.

Stout J G, Dasgupta N, Hunsinger M, et al. 2011. Steming the tide: Using ingroup experts to inoculate women's self-concept in science, technology, engineering, and mathematics (stem). Journal of Personality and Social Psychology, 100 (2): 255-270.

Strauss A J. 2011. Experincing everyday prejudice of a concealable stigma: Jews in a non-jewish world. University of Toronto.

Stricker L J, Ward W C. 2004. Stereotype threat, inquiring about test takers'ethnicity and gender, and standardized test performance1. Journal of Applied Social Psychology, 34 (4): 665-693.

Tanner D E. 2001. The learning disabled: A distinct population of students. Education, 121 (4): 795-798.

Taylor C A, Lord C G, McIntyre R B, et al. 2011. The Hillary Clinton effect: When the same role model inspires or fails to inspire improved performance under stereotype threat. Group Processes & Intergroup Relations, 14 (4): 447-459.

Taylor S, Crocker J. 1981. Schematic bases of social information processing. *In* Higgins E T, Herman P, Zanna M P (Eds.). Social Cognition: The Ontario Symposiun. Hillsdale, NJ: Erlbaum: 89-134.

Teachman B A, Wilson J G, Komarovskaya I. 2006. Implicit and explicit stigma of mental illness in diagnosed and healthy samples. Journal of Social and Clinical Psychology, 25 (1): 75-95.

Tesser A. 1988. Toward a self-evaluation maintenance model of social behavior. *In* Berkowitz L (Ed.). Advances in Experimental Social Psychology. Vol. 21. San Diego: Academic Press: 181-227.

Thompson D, Whitney I, Smith P K. 1994. Bullying of children with special needs in mainstream schools. Support for Learning, 9 (3): 103-106.

Turner J C. 1982. Towards a cognitive redefinition of the social group. *In* Tajfel H(Eds.). Social Identity and Intergroup Relations. Vol. 15. Cambridge, England: Cambridge University Press: 15-40.

Ullrich P M, Lutgendorf S K, Stapleton J T. 2003. Concealment of homosexual identity, social support and cd4 cell count among hiv-seropositive gay men. Journal of Psychosomatic Research, 54 (3): 205-212.

Uysal A, Lin H L, Knee C R. 2010. The role of need satisfaction in self-concealment and well-being. Personality and Social Psychology Bulletin, 36 (2): 187-199.

Uysal A, Lu Q. 2011. Is self-concealment associated with acute and chronic pain? Health Psychology, 30 (5): 606-614.

Van Brakel W. 2006. Measuring health-related stigma: a literature review. Psychology, Health and Medicine, 11(3):307-334.

Van den Broeck W. 2002. The misconception of the regression-based discrepancy operationalization in the definition and research of learning disabilities. Journal of Learning Disabilities, 35 (3): 194-204.

Vaughn S, Fuchs L S. 2003. Redefining learning disabilities as inadequate response to instruction: The promise and potential problems. Learning Disabilities Research Practice, 18 (3): 137-146.

Vaughn S, Haager D. 1994. Social competence as a multifaceted construct: How do students with learning disabilities fare? Learning Disability Quarterly, 17 (4): 253-266.

Vogel D L, Wade N G, Haake S. 2006. Measuring the self-stigma associated with seeking psychological help. Journal of Counseling Psychology, 53 (3): 325-337.

Vogel D L, Wade N G, Hackler A H. 2007. Perceived public stigma and the willingness to seek counseling: The mediating roles of self-stigma and attitudes toward counseling. Journal of Counseling Psychology, 54 (1): 40-50.

Wahl O F. 1999. Mental health consumers' experience of stigma. Schizophrenia Bulletin, 25 (3): 467-478.

Watson A C, River L P. 2005. A social-cognitive model of personal response to stigma. *In* Corrigan P W (Ed.). On the Stigma of Mental Illness: Practical Strategies for Research and Social Change. Washington, DC: American Psychological Association: 145-164.

Webber A, Orcutt J D. 1984. Employers' reactions to racial and psychiatric stigmata: A field experiment. Deviant Behavior, 5: 327-336.

Wegner D M, Erber R. 1992. The hyperaccessibility of suppressed throughts. Journal of Personality and Social Psychology, 63 (6): 903-912.

Wegner D M, Smart L. 1997. Deep cognitive activation: A new approach to the unconscious. Journal of Consulting and Clinical Psychology, 65 (6): 984-995.

Wegner D M. 1994. Ironic processes of mental control. Psychological Review, 101 (1): 34.

Weiner B, Heckhausen H, Meyer W U. 1972. Causal ascriptions and achievement behavior: A conceptual analysis of effort and reanalysis of locus of control. Journal of Personality and Social Psychology, 21 (2): 239-248.

Wenz-Gross M, Siperstein G N. 1998. Students with learning problems at risk in middle school: Stress, social support, and adjustment. Exceptional Children, 65 (1): 91-100.

Wenzlaff R M, Wegner D M. 2000. Thought suppression. Annual Review of Psychology, 51 (1): 59-91.

Westbrook L E, Bauman L J, Shinnar S. 1992. Applying stigma theory to epilepsy: A test of a conceptual model 1. Journal of Pediatric Psychology, 17(5):633-649.

Wheat K, Brohan, E, Henderson C, et al. 2010. Mental illness and the workplace: Conceal or reveal? Journal of the Royal Society of Medicine, 103 (3): 83-86.

Willson V L, Reynolds C R. 2002. Misconceptions in van den broeck's representation of misconceptions about learning disability research. Journal of Learning Disabilities, 35 (3): 205-208.

Wilson T D, Linville P W. 1985. Improving the performance of college freshmen with attributional techniques. Journal of Personality and Social Psychology, 49 (1): 287-293.

Wismeijer A. 2011. Secrets and subjective well-being: A clinical oxymoron. *In* Nyklíček I, Vingerhoets A, Zeelenberg M (Eds.). Emotion Regulation and Well-Being. Springer Science, Business Media: 307-323 .

Wong B Y L. 1998. Reflections on current attainments and future direction in writing intervention research in learning disabilities. *In* Mastropieri M, Scruggs T. Advances in Learning and Behavioral Disorders. Greenwich, CT: JAI Press: 127-149.

Wright E R, Gronfein W P, Owens T J. 2000. Deinstitutionalization, social rejection, and the self-esteem of former mental patients. Journal of Health and Social Behavior, 41: 68-90.

Wright K, Naar-King S, Lam P, et al. 2007. Stigma scale revised: Reliability and validity of a brief measure of stigma for HIV+ youth. Journal of Adolescent Health, 40 (1): 96-98.

Yu G, Zhang Y, Yan R. 2005. Loneliness, peer acceptance, and family functioning of chinese children with learning disabilities: Characteristics and relationships. Psychology in the Schools, 42 (3): 325-331.

Zhang B, Wang M, Li J, et al. 2011. The effects of concealing academic achievement information on adolescents' self-concept. The Psychological Record, 61: 21-40.

Zhang B, Zhao J, Yu G. 2010. Brief report: How do they manage social interaction? The influence of concealing academic achievement information on self-monitoring by adolescents with low achievement. Journal of Adolescence, 33: 233-236.

附　　录

附录1　外显态度测量材料（样例）

下列语句陈述的是对好学生和差学生的一些评价，请判断每句话的内容符合你真实看法的程度，如果句子描述的内容非常符合你的看法，请在7上打“√”；如果句子描述的内容非常不符合你的看法，请在1上打“√”；有点符合你的看法，请在5上打“√”；其余依此类推。各数字代表的含义如下图所示。

1	2	3	4	5	6	7
完全不符合	基本不符合	有点不符合	不确定	有点符合	基本符合	完全符合

1.差学生是马虎的。	1_2_3_4_5_6_7	6.差学生是认真的。	1_2_3_4_5_6_7
好学生是马虎的。	1_2_3_4_5_6_7	好学生是认真的。	1_2_3_4_5_6_7
2.差学生是懒惰的。	1_2_3_4_5_6_7	7.差学生是勤奋的。	1_2_3_4_5_6_7
好学生是懒惰的。	1_2_3_4_5_6_7	好学生是勤奋的。	1_2_3_4_5_6_7
3.差学生是自卑的。	1_2_3_4_5_6_7	8.差学生是自信的。	1_2_3_4_5_6_7
好学生是自卑的。	1_2_3_4_5_6_7	好学生是自信的。	1_2_3_4_5_6_7
4.差学生是颓废的。	1_2_3_4_5_6_7	9.差学生是上进的。	1_2_3_4_5_6_7
好学生是颓废的。	1_2_3_4_5_6_7	好学生是上进的。	1_2_3_4_5_6_7
5.差学生是虚伪的。	1_2_3_4_5_6_7	10.差学生是真诚的。	1_2_3_4_5_6_7
好学生是虚伪的。	1_2_3_4_5_6_7	好学生是真诚的。	1_2_3_4_5_6_7

附录2 内隐态度的刺激词汇

好学生：好学生、优等生、优秀生、优生、好生

差学生：差生、差等生、坏学生、落后生、差学生

积极词：认真、勤奋、自信、上进、真诚、踏实、聪明、优秀、文明、热情

消极词：马虎、懒惰、自卑、颓废、虚伪、浮躁、愚蠢、差劲、野蛮、冷漠

附录3 污名知觉问卷（样例）

1. 大多数人说我是一个上进的学生。
2. 在安排座位时，其他同学都不愿意离我很近。
3. 大多数同学都很信任我。
4. 其他同学的家长告诉他们不要和我在一起。
5. 大多数人认为我经常打架。
6. 大多数人认为我不够聪明。
7. 大多数人不喜欢别人把自己（他）和我当成一类人。
8. 大多数人只关注我的缺点忽略了我的优点。

附录4 自我污名问卷（样例）

1. 由于当前的学习成绩，我降低了自己对各方面的期望。
2. 当前的学习成绩使我感觉很丢人。
3. 当前的学习成绩使我感觉很好。
4. 由于当前的学习成绩，我对自己充满自信。
5. 当前的学习成绩使我感到自己的各方面能力都很差。

附录5 学业效能感问卷

1. 我确定我能掌握今年在课堂上教的知识内容。
2. 我确定我能想出办法来完成最困难的功课。
3. 只要我不放弃，我就能完成几乎所有的功课要求。
4. 即使功课很难，我也能学会。
5. 只要我努力，即使是最难的功课我也能完成。

附录6 学业目标问卷

1. 对我来说尽可能全面地理解课程内容是很重要的。
2. 对我来说，在班级当中，与其他同学学得一样好是很重要的。
3. 我只是希望避免在课程学习中做得太差。
4. 我想从课堂上学到尽可能多的知识。
5. 我担心课堂上本应该能学会的所有内容，但是我却没能学会。
6. 我在班级当中的目标是，得到比其他大多数同学更好的分数。
7. 我在课程学习上的目标是避免表现太差。
8. 我经常担心不能学会课堂上学到的所有内容。
9. 我害怕自己在课程学习上表现太差，这会经常激励我学习。
10. 我渴望完全掌握在课堂里学习过的内容。
11. 有时，我害怕不能像我想象的那样彻底地理解课程的内容。
12. 对我来说比，比其他同学学得好是很重要的。

附录7　瑞文推理测验材料（样例）

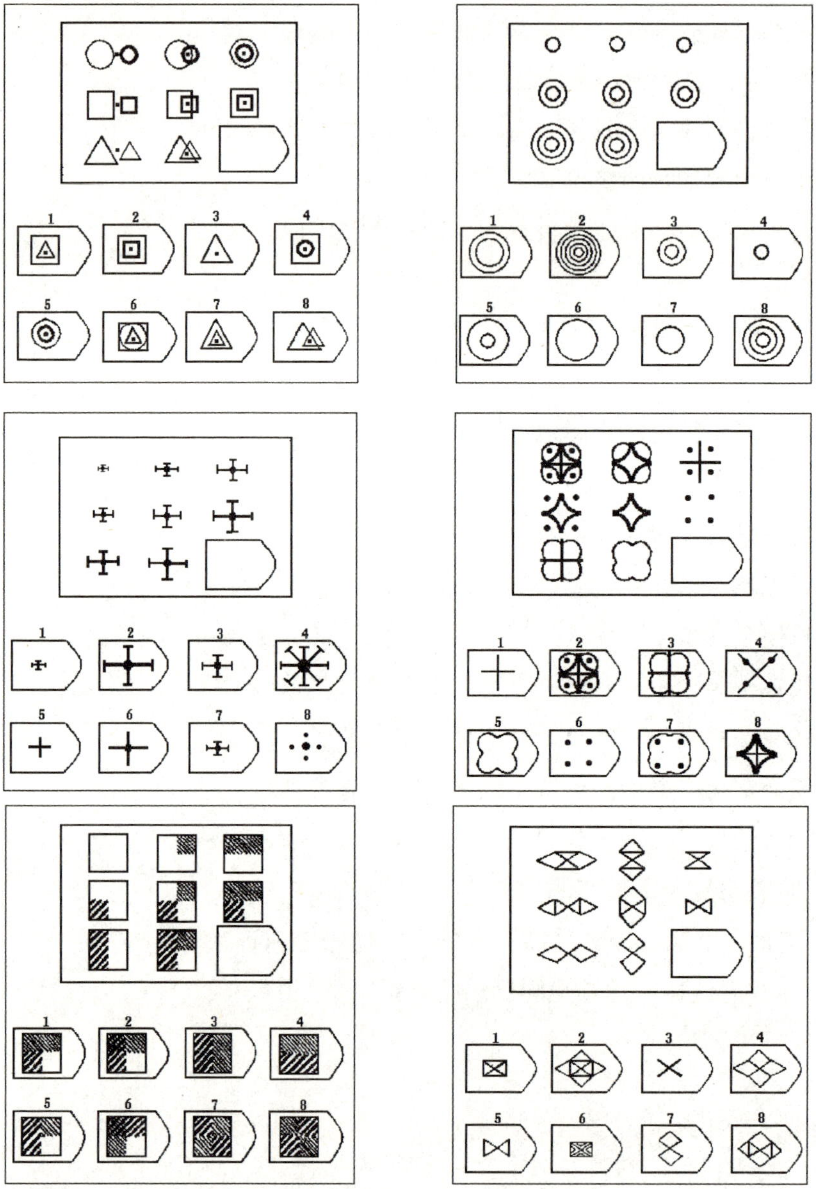

附录8　状态自尊问卷

1. 我对自己的能力有自信。
2. 我对自己的表现感到失望。
3. 在阅读理解方面，我感到有困难。
4. 我感觉自己和别人一样聪明。
5. 我对自己理解事情的能力有自信。
6. 此刻，我担心自己的思考及学习能力不如别人。
7. 我认为自己做得不好。
8. 我关心别人认为我是成功者还是失败者。
9. 我觉得自己很在乎别人对我的看法。
10. 我对自己感到失望。
11. 我在意别人怎么看待我。
12. 此刻，我觉得自己不如别人。
13. 我很关心自己给别人留下的印象。
14. 我担心自己看起来很愚蠢。

附录9　Stroop任务材料

刺激词汇：报纸，水杯，日历，天空，汽车，水果，学习，作业，成绩，考试，记性，反应

低负荷数字（样例）：5，4，3，6，9

高负荷数字（样例）：166374，027541，132786，410121，448166

附录10　组词测验材料（括号内为目标词汇）

下 ________ ________（下课）导 ________ ________（辅导）

知 ________ ________（知识）成 ________ ________（成绩）

格 ________ ________（及格）验 ________ ________（测验）

苦 ________ ________（刻苦）力 ________ ________（努力）

听 ________ ________（听讲）